Henning Wiesner / Günter Mattei

Wenn Hunde sprechen könnten!

Henning Wiesner

Wenn Hunde sprechen könnten!

Erstaunliches vom ältesten Haustier des Menschen
Illustriert von Günter Mattei

Carl Hanser Verlag

Inhalt

Das letzte Wort
über die Wunder des Hundes
ist noch nicht geschrieben worden.

Jack London

Hundefreundschaften halten ein Leben lang. Dies trifft sowohl für Hunde untereinander als auch für ihre Gefühlsbeziehungen gegenüber uns Menschen zu. Die Entwicklung einer solchen Freundschaft durfte ich als Dritter im Bunde miterleben. Das war ein großes Vergnügen, denn unterschiedlicher konnten meine beiden Freunde in Temperament, Wesen und Charakter kaum sein: Olga mit der stoisch unerschütterlichen Aura des Bernhardiners und Maxi, der quecksilbrige Pharaonenhund mit spanischen Wurzeln, in seiner überschäumenden Lebenslust.

Riechen konnten sich die beiden trotz des Altersunterschiedes von Anfang an. Das ist wichtig. Denn im Gegensatz zu unserer Sinneswelt als Ohren- und Augenmenschen spielt in der Nasenwelt der Hunde das Riechen die maßgebliche Rolle. Duftnoten in molekularer Verdünnung sind gleichsam das ABC der Hundesprache.

Aus Duftbotschaften, die als sogenannte Pheromone über den individuellen Körpergeruch verströmt werden, »versteht« der Hund genau, was ihm der andere mitteilen will. Mimik und Gehör spielen dabei eine untergeordnete Rolle. Eine rätselhafte Sinneswelt, die uns Schwachnaslern für immer verschlossen bleiben wird.

Wenn man sich nun trotzdem, wie ich hier in diesem Büchlein, Gedanken darüber macht, was sich Olga und Maxi abends vor dem Kamin beim Beschnuppern, Belecken und Fellknabbern wohl mitzuteilen haben, dann fällt mir ein Nachbar ein. Ein begeisterter Hundefreund, der aus dem Stegreif eine ganze Vorlesung darüber halten kann, wie hervorragend sein Hund doch die menschliche Sprache versteht. Nehmen wir ihn einfach mal beim Wort und gehen nun unsererseits davon aus, dass sich Hunde untereinander viel zu erzählen haben. Denn da muss sich doch in der langen Domestikationsgeschichte des Hundes, also seit seinen Anfängen als Haustier, so einiges angesammelt haben.

Lassen wir nun also Olga und Maxi zu Wort kommen.

Der Prof

Die Murmel-Elfe

Wenn Hunde sich was wünschen dürfen

Olga ruckelte sich behutsam auf ihrem Flokati-Teppich zurecht und schob dabei ihren Rücken noch ein wenig näher an den wärmenden Kamin, in dem große Buchenscheite brannten.

»Warum stöhnst du denn so?«, wollte Maxi wissen, der ihr gegenüberlag.

»Ach, weißt du, meine Hüften tun mir weh. Das ist ein altes Erbleiden von uns Bernhardinern, das im Alter nicht besser wird.«

»Oh, das tut mir aber leid«, sagte Maxi. »Vielleicht hätten wir dann vorhin im Garten nicht so wild herumtollen sollen.«

»Schon okay«, antwortete Tante Olga, »die Wärme tut mir gut. Aber du wolltest ja noch wissen, was mir vorhin der Igel zugefaucht hat, an dem du dir unbedingt eine blutige Nase holen musstest. Er war auf Schneckenjagd und hinter seinen Lieblingsregenwürmern her und wollte einfach seine Ruhe haben.«

»Verstehst du denn die Sprache der Igel?«, fragte Maxi verwundert.

»Wenn ich ›Iglisch‹ spreche, ebenso wie ich die Sprache aller Tiere und die der Menschen verstehe, so liegt dies an einem geradezu märchenhaften Zufall«, erwiderte Olga. »Wir **Bernhardiner** sind ja für unsere gute Nase bekannt und wurden schon im 17. Jahrhundert von den Mönchen des Sankt-Bernhard-Passes in der Schweiz als Lawinensuchhunde ausgebildet. Einer meiner Urahnen war jener berühmte ›Barry‹, der mehr als 40 Menschen aus Lawinen gerettet hat. Auf dem Hundefriedhof in Paris steht sein Grabstein. Ein Ammenmärchen ist es allerdings, wenn immer wieder erzählt wird, wir hätten bei unseren Einsätzen ein Holzfässchen mit Schnaps um den Hals dabei. Lawinenopfer vertragen nämlich keinen Schnaps, denen gibt man besser einen heißen Tee oder eine warme Suppe.

BARRY
1800–1814

Ein gesprächiger Unterkiefer

Wie aus Wölfen Haushunde wurden

Maxi gab mal wieder damit an, wie kostbar seine Rasse war. »Wir Pharaonenhunde unterscheiden uns von allen anderen Hunderassen, weil in uns das Blut des Goldschakals fließt. Deswegen war ich ja auch so teuer.« Seine Nasenspitze schien sich himmelwärts zu verlängern.

»Jetzt hör mir mal gut zu, mein lieber Maxi«, meinte die Bernhardinerhündin Olga. »Auf deine Rasse brauchst du dir überhaupt nichts einzubilden. Als Pharaonenhund hast du zwar zwei spitze Ohrtüten, aber die eine hat einen ziemlichen Knick. Offenbar ist dir mal der Mülleimerdeckel daraufgefallen. Übrigens: Auch wenn vielleicht schon die Pharaonin Nofretete deine Urahnen gestreichelt hat – das Mülltonnenwühlen ist nicht gerade eine pharaonische Ernährungsweise.«

»Jedenfalls bin ich reinrassig«, protestierte Maxi. »Das Knickohr habe ich nur, wenn ich müde bin.«

»Ist ja schon gut«, beschwichtigte ihn Olga. »Reinrassig bin ich auch. Weißt du, mit den Rassen ist das so eine Sache. Auf der ganzen Welt gibt es über 400 eingetragene Hunderassen. Viele Menschen sind sehr stolz darauf, wenn sie mit ihrem Rassehündchen spazieren gehen. Dabei stammen wir alle, ob **Mops**, **Pinscher**, **Pudel**, du oder ich, vom Wolf ab. Und in Indien gibt es einen Gott namens Ganesh, der einen Elefantenkopf hat. Der Prof hat nie einen Ton darüber verlauten lassen, dass in seiner Zeit als Zoodirektor je einer seiner Elefanten deswegen besonders stolz gewesen wäre!«

»Aber in uns Pharaonenhunden fließt wirklich das Blut des Goldschakals«, beharrte Maxi.

»Das hat man früher mal geglaubt«, verbesserte ihn Olga. »Unser aller Stammvater ist jedenfalls der Wolf! Alle anderen wilden Vertreter aus der Familie der Caniden, also der Hundeartigen, sei es nun der Schakal, der Coyote, der Rothund, der Afrikanische Wildhund oder der Fuchs, zählen nicht zu unseren Ahnen.«

CANIDEN

DIE
HUNDE-
ARTIGEN

Coyote

Rothund

Afrikanischer Wildhund

Goldschakal

Fuchs

»Warum habe ich dann einen so schlanken Kopf wie der Schakal?«, hakte Maxi nach.

»Mit dem Schakal haben sich die Wissenschaftler in jüngster Zeit viel beschäftigt«, antwortete Olga. »Das Hirngewicht des Goldschakals ist geringer als das des Haushunds, dessen Hirn etwa 100 Gramm wiegt. Das Hirn eines gleich schweren Wolfes wiegt dagegen 150 Gramm. Es ist bisher noch nie nachgewiesen worden, dass ein Haustier ein größeres Gehirn hat als sein wilder Vorfahre!«

»Also scheidet der Goldschakal als Ahnherr aus«, folgerte Maxi.

»Genau«, bestätigte Olga. »Auch stimmen verschiedene Schädelmerkmale und Zahneigenarten beim Wolf und beim Hund stärker überein als beim

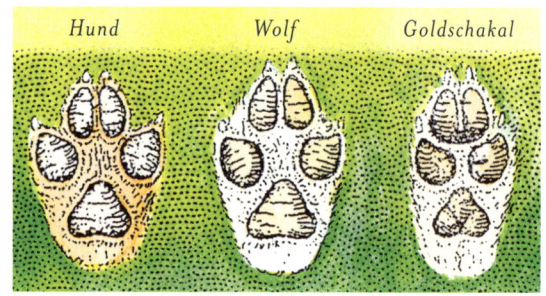
Hund   Wolf   Goldschakal

Goldschakal und beim Hund. Ähnliches gilt für einige Merkmale des Blutes, das Herzgewicht, für verschiedene Verhaltensmuster sowie für einige Eigenschaften des Erbguts. Auf deinen schlanken Kopf kommen wir später noch zu sprechen. Wenn wir Hunde aber auf irgendetwas stolz sein können, dann vielleicht darauf, dass der Wolf das allererste Tier war, das der Mensch zum Haustier gemacht hat. Man nennt diesen Vorgang auch Domestikation (von dem lateinischen Wort domesticus = zum Hause gehörig), und das ist schon verdammt lange her! Genauer gesagt etwa 16 000 Jahre. Man hat nämlich in einem altsteinzeitlichen Grab bei Oberkassel in Deutschland neben dem darin bestatteten Menschenpärchen auch ein Hundeskelett gefunden. Kluge Forscher haben sich dann den recht gut erhaltenen Unterkiefer unseres Urahnen genau angeschaut und festgestellt, dass darin die ersten beiden Vorbackenzähne, die Praemolaren P1 und P2, nicht enthalten waren. Diese sind aber für den Wolf zur Jagd überlebenswichtig und immer vorhanden. Damit war den Forschern klar, dass das Tier, das jene Steinzeitmenschen als Begleiter auf ihre Reise ins Jenseits mitgenommen haben, kein junger Wolf war, sondern vermutlich ihr Lieblingshund.«

»Na, freiwillig wird das arme Kerlchen nicht ins Grab gehüpft sein«, meinte Maxi.

»Sicherlich nicht«, bestätigte Olga. »Aber vielleicht sahen die Menschen damals den Hund als Seelenbegleiter. Die ägyptische Göttin Isis, die die Seelen ins Jenseits führt, wird von einem Hund begleitet. Dieser Glauben findet sich später bei vielen Völkern wieder. Auch dein Anubis begleitet die Seelen der Toten auf ihrer Wanderung und wiegt in der Unterwelt die Herzen der Verstorbenen.«

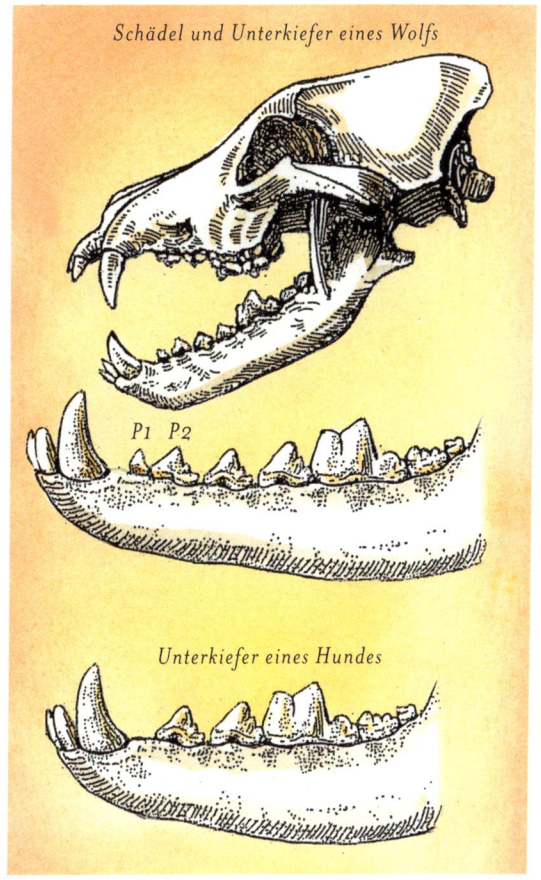

Schädel und Unterkiefer eines Wolfs

P1 P2

Unterkiefer eines Hundes

Doch noch einmal zurück zu den Vorbackenzähnen. Da solche wichtigen Zähne nicht einfach von heute auf morgen verschwinden, muss also dieser Hund schon einige Zeit vorher gezähmt worden sein. Wie viele Jahre vorher, das wissen wir allerdings nicht. Sicher ist aber, dass eine solche Veränderung, die man auch als Mutation (von dem lateinischen Wort mutare = ändern) bezeichnet, fest in das genetische Programm übernommen und damit weitervererbt wird. Unsere Forscher wollten es genau wissen und haben daraufhin über 500 Unterkiefer von Wölfen untersucht. Bei keinem einzigen fehlten diese Vorbackenzähne. Da das Fehlen dieser Zähne nicht der durch-schnittlichen Norm des Wolfgebisses entspricht, also abnormal ist, nennt man so etwas auch eine Anomalie. Das Auftreten solcher Anomalien ist immer eine ganz typische Domestikationser-scheinung. Dafür können verschiedene Gründe die Ursache sein. Generell geht Mutter Natur so vor, dass alles, was nicht benutzt und trainiert wird, sich zurück-bildet.«

»Erstaunlich, wie diese Knochen-detektive aus so einem alten Knochen-stück all diese Informationen herausge-kitzelt haben«, sagte Maxi überrascht. »Aber warum hat denn unser Vorfahre diese Zähne plötzlich nicht mehr ge-braucht?«

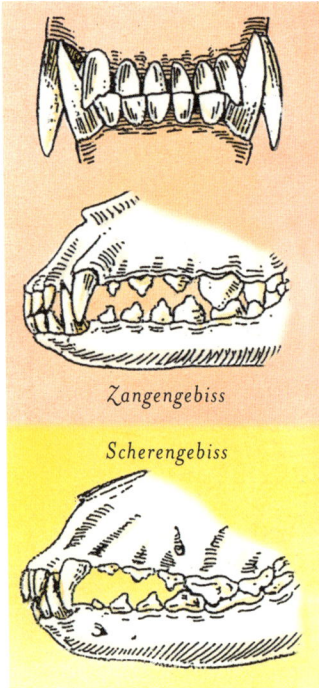

Zangengebiss

Scherengebiss

Scherengebiss

»Nun, das lässt sich wohl am besten mit den Nahrungsgewohnheiten der Menschen erklären, die schon früh das Feuer als Wärmequelle und zur Zubereitung der Speisen genutzt haben. Gekochtes und gebratenes Fleisch muss sowohl der Mensch als auch der Hund natürlich weniger kauen. Denk nur daran, wie viele Stunden der Prof seine Lieblingsspeise, die bretonischen Kutteln, auf kleinster Flamme köcheln lässt und wie butterweich sie einem auf der Zunge zergehen. Vor dem Gebrauch des Feuers hatten die Vorfahren der Menschen deutlich größere und stärkere Zähne in ihren kräftigen Kiefern als der heutige Zweibeiner. Das gilt auch für die großen Menschenaffen, also Orang-Utan, Gorilla und Schimpanse.«

Maxi seufzte. »Die großen Kalbsknochen knabbere ich lieber roh ab«, sagte er, und bei dem Gedanken daran leckte er sich das Maul.

»Aus den Skelettresten späterer Hunde wie dem Torfhund konnten unsere Knochendetektive übrigens recht gut unsere ältesten Vorfahren rekonstruieren«, fuhr Olga fort. »Diese hatten, wie auch alle Wildhunde, ein Zangengebiss. Nur damit können wir erfolgreich Flöhe knacken. Die Scherengebisse verschiedener Rassen stellen also auch eine Anomalie dar!«

»Was ist denn da der Unterschied?«, wollte Maxi wissen.

»Ganz einfach«, erwiderte Olga. »Beim Zangengebiss stehen die Reibeflächen der oberen und unteren Schneidezähne genau aufeinander. Also wie bei einer Beißzange. Beim Scherengebiss, wie es der Mensch hat, stehen dagegen die oberen Schneidezähne vor den unteren. Trotzdem verlangen die Standards von fast allen Rassehunden ein Scherengebiss. Aber das ist unnatürlich und ein falsches Ideal!«

»Hör auf mit den Flöhen, sonst muss ich mich ja gleich kratzen«, unterbrach Maxi sie. »Und was ist eigentlich ein Torfhund?«

»Das sind Hunde aus der Neusteinzeit, deren Skelette man im Schlamm unter den Pfahlbauten in der Schweiz gefunden hat. Es waren kleine bis mittelgroße, schlanke Tiere, am ehesten mit unseren heutigen Spitzen vergleichbar. Daher nennt man sie auch Torfspitz. Sie kamen in ganz Europa vor. Vermutlich sahen sie aus wie die heutigen Dingos in Australien oder wie die **Paria-** bzw. die **Schensi-Hunde** aus Asien und Afrika. Dort nennt man sie auch **Basenji-Hunde**. Diese sind dafür bekannt, dass sie richtig kichern und jodeln können. Das alles sind keine Rassen, sondern urtümliche Formen des Haushundes,

sich diese Ringelschwänzchen, von hinten gesehen, fast immer nach rechts, also im Uhrzeigersinn drehen. Sicherlich wurde diese Drehrichtung schon damals beim Torfhund genetisch festgeschrieben, obwohl dessen Züchter noch gar keine Uhren kannten. Das gilt für Europa. In Indien und in Südostasien sowie in Afrika drehen sich die Schwänzchen solcher Hunde häufiger nach links.«

»Und so was wird tatsächlich erforscht?«, fragte Maxi zweifelnd nach.

»Aber klar«, erwiderte Olga. »Zum Beispiel von unserem Prof. Unlängst hat er beim Joggen einen **Australian Cattle Dog**, also einen australischen Schäferhund, kennengelernt, in dem ja auch Dingoblut fließen soll. Ursprünglich stammt diese Rasse übrigens aus Carolina in den USA. Dingos und andere große Rassehunde tragen ihre Rute eher senkrecht hochgestellt und am Ende kopfwärts gerollt. Das macht sonst kein Vertreter der Wildhunde. Bei dem Australier jedoch drehte sich, sehr zum Erstaunen unseres Profs, der Schwanz eindeutig nach links. Ebenso bei dem Mops, der unlängst zu Besuch bei uns war.«

aus denen man später die verschiedenen Rassen gezüchtet hat. Wie der Wolf hatte der Torfhund wohl noch Stehohren, die du ja auch so gut spitzen kannst. Im Gegensatz zum Wolf trug er aber ein Ringelschwänzchen. Später, in der Bronzezeit, traten dann bereits mittelgroße und große Formen auf.«

»Das ist ja interessant«, meinte Maxi. »Die meisten meiner Kumpels in Spanien hatten auch einen geringelten Schwanz.«

»Gut beobachtet«, sagte Olga. »Und wenn du genauer hingeschaut hättest, wäre dir sicher auch aufgefallen, dass

»Vielleicht liegt es daran, dass der Mops ja von der **Chinadogge** abstammen soll und sich sein Schwanzerl noch an die alte östliche Drehrichtung erinnert«, meinte Maxi. »Ich kannte nämlich mal einen Hund, der kam auch aus China und hieß **Shar-Pei**, und der ringelte auch nach links.«

»Auf alle Fälle«, fuhr Olga fort, »hat der Prof dann am nächsten Tag gleich seine ›Mopsologin‹ Uschi Ackermann angerufen. Die hat nämlich auch so etwas Mopsiges zu Hause, ihren Sir Henry nämlich. Vor ein paar Jahren ist sie mit großer Bugwelle und mit ihrem Hund im Frack bei Gericht erschienen

und hat den Prozess gegen einen zwielichtigen Züchter gewonnen, der kranke Welpen verhökerte. Sir Henry wurde daraufhin zum Promi-Mops, sogar mit Homepage: www.mops-sir-henry.de. Und von der ›Mopsologin‹ erfuhr der Prof, dass man unter Mopsens offenbar weiß von einer einheitlichen Drehrichtung. Mal drehe das Schwänzchen nach rechts und mal gegen den Uhrzeigersinn. Offenbar müsse man sich als eigenwilliger Charakterhund nicht an irgendwelche geografischen Schwanzerl-Kreiselgepflogenheiten von so dahergelaufenen Torfspitzen, Pariahunden oder sonstigen Straßenkötern halten, meinte lachend die Uschi. Der Prof machte ganz auf Wissenschaftler und meinte, dass man die Corioliskraft in diesem Zusammenhang also vernachlässigen könne.«

»Was ist denn das schon wieder?«, rätselte Maxi.

»Das hat mit der Erddrehung zu tun und damit, dass die Erdachse nicht senkrecht steht«, klärte Olga ihn auf. »Wenn man auf der nördlichen Halbkugel die Badewanne ablässt, so dreht der Strudel im Uhrzeigersinn, südlich des Äquators dagegen links herum.«

»Allmählich wird mir bei all der Dreherei ganz schwindlig«, seufzte Maxi. »Ich denke, wir sollten das Thema wechseln.«

· Canis lupus ·

Schlappohren stehen nicht jedem

Warum es so viele Hunderassen gibt

Wenn ich und der Wolf so schöne Stehohren haben, warum hast du dann solche Schlappohren?«, wollte Maxi von der Bernhardinerhündin wissen. »Ich habe noch nie einen Wolf mit Schlappohren gesehen, und ein Ringelschwänzchen habe ich übrigens auch nicht. Das verbindet mich mit dem Wolf.«

»Schlappohren sind nun mal ein Merkmal meiner Rasse, so wie ihr Pharaonenhunde eure Stehohren habt«, erwiderte Olga. Sie schüttelte ihren mächtigen Schädel und ließ ihre Ohren fliegen. »Der Mensch hat im Laufe unserer langen Domestikationsgeschichte verschiedene Rassemerkmale festgelegt, aus denen er die einzelnen Hunderassen herausgezüchtet hat. So änderte er etwa die Form der Ohren oder der Rute, wie unser Schwanz von den Züchtern genannt wird. Ferner haben die Züchter besonderen Wert auf unsere charakterlichen Eigenschaften gelegt, um uns für verschiedene Zwecke nutzen zu können. Und sie konnten uns für viele Zwecke gebrauchen! Deshalb sprechen sie auch von Gebrauchshunden.«

»Das ist aber ein blöder Ausdruck!«, stieß Maxi hervor. »Und warum hat der Wolf nun Stehohren?«

»Natürlich haben die Wölfe Stehohren, weil sie damit sehr viel feiner hören und die Richtung des Geräusches sofort orten können, was sie zur Jagd unbedingt brauchen. Durch ihr bekanntes Wolfsgeheul verständigen sie sich über viele Kilometer Entfernung und rufen sich so zusammen. Die alten Eskimojäger, die viel enger mit der Natur verbunden sind als die modernen Stadtmenschen, verstehen sogar die Sprache der Wölfe ein wenig. So können sie am Wolfsgeheul unterscheiden, ob ein Eskimo mit seinem Hundeschlitten oder ein Fremder mit einem Skibob unterwegs ist«, erklärte Olga.

»Das ist doch nichts Besonderes. Auch ich kann den Briefträger und die Nachbarn oder Fremde schon am Schritt auseinanderhalten, ohne sie zu sehen«, sagte Maxi. »Trotzdem kommt es mir immer noch komisch vor, dass so viele verschiedene Hunderassen nur vom Wolf abstammen sollen.«

Olga nickte. »Aber du hast ja auch noch nicht alle Wolfsunterarten gesehen. Es gibt auf der gesamten Nordhalbkugel von Nordamerika über Eurasien bis Japan etwa 35 Unterarten«, gab sie zu bedenken. »So sind die Timberwölfe (von dem englischen Wort timber = Wald) in Alaska ganz schön schwere Brocken mit grobem Knochenbau, die über 70 Kilogramm wiegen können. Dagegen sind die arabischen Wölfe mit einem Gewicht von 18 bis 20 Kilogramm viel zarter gebaut und brauchen auch nicht so ein dichtes Fell wie ihre amerikanischen Verwandten. Von den Letzteren lassen sich wohl die Eskimohunde ableiten. Und im **Pekinesen** und im **Chow-Chow** fließt sicherlich das Blut des chinesischen Wolfes. Wir Bernhardiner zählen dagegen zur Gruppe der Doggen, und dazu gehört der **Mops** genauso wie der **Neufundländer**. Sehr wahrscheinlich haben wir die Gene der indischen und der europäischen Wolfsunterarten, während die Windhunde und Windspiele, wie die **Salukis** oder die **Whippets**, vom indischen Wolf abstammen. In dir fließt sehr wahrscheinlich das Blut vom arabischen Wolf. Die Schäferhunde, Spitze und Terrier haben dagegen vermutlich den europäischen Wolf als Urahn gehabt. In der Antike hat man für die grausamen Zirkusspiele und für Kriegseinsätze die schweren **Molosser** Hunde gezüchtet, die sicherlich bei der Entstehung der Doggen und anderer Hunderassen eine wichtige Rolle gespielt haben.«

»Was ist ein Molosser?«, fragte Maxi. »So einen habe ich noch nie gesehen.«

»Das kannst du auch nicht, weil diese alte Rasse längst ausgestorben ist. Die Molosser waren ein Volk im alten Griechenland, in Epirus«, erklärte Olga. »Der griechische Gelehrte Aristoteles schreibt über sie: ›In Molottien zeichnet sich die Hunderasse, die als Begleitung der Herden dient, durch die Größe und den Mut gegen die wilden Tiere ... aus.‹«

»Warum sind sie ausgestorben?«, hakte Maxi nach.

»Man glaubt, dass diese Hunderasse wohl dem heutigen Mastiff am ähnlichsten war«, sagte Olga. »Alexander der Große hatte sie auf seinen Kriegszügen dabei, und in Ninive, im Palast des Königs Assurbanipal, der im 7. Jahrhundert v. Chr. lebte, sind sie auf Flachreliefs zu bewundern. Wir Bernhardiner sollen auch von solchen Hunden abstammen, die mit den römischen Soldaten ihre Verbreitung fanden. Mit dem Niedergang des Römischen Reiches sind sie dann wohl verschwunden. Sehr wahrscheinlich sind wir Bernhardiner, die Doggen und andere Großrassen dann erst vor etwa 250 Jahren ähnlich wie die Windhunde wieder neu aus Pariahunden gezüchtet worden. Wenn man die vier Kopfformen der heutigen Pariahunde vergleicht, dann werden die Züchter für die großen schweren Rassen den Typ I und für die Windhunde den Typ IV ausgesucht haben. Aber selbst innerhalb einer Rasse, wie etwa beim Neufundländer, kamen ganz verschiedene Kopfformen vor, je nachdem, zu welcher Zeit sie gezüchtet wurden.«

Maxi schien sich zu erinnern. »Wahrscheinlich hab ich doch schon mal so eine Art Molosser gesehen. Ein Kumpel von mir in Spanien musste eine riesige Villa bewachen. Das war vielleicht ein Riese! Als ich den zum ersten Mal bellen hörte, dachte ich, es kommt ein Gewitter, so erschrocken war ich. Beim Spielen am Strand und vor allem beim lustigen Jagen der Regenpfeifer und

beim Aufscheuchen der Möwen war er aber viel zu langsam und ziemlich tollpatschig. Wenn der vom Kaninchen jagen hätte leben müssen, wäre er bald verhungert.«

»Stimmt«, sagte Olga, »ein Hund mit 80 Kilo kann nicht so schnell einen Haken schlagen wie ein Kaninchen. Und dies ist ja auch der Grund, warum die Menschen so viele verschiedene Hunderassen gezüchtet haben. In all den verschiedenen Vertretern unserer Großsippe steckt ein ganzer Blumenstrauß von unterschiedlichsten Eigenschaften, die man eben nicht alle in einer einzelnen Rasse vereinen kann. Da würde ja sonst ein Monsterhund dabei herauskommen!«

Züchtung extrem
Hunde bellen – aber nicht von Natur aus

Monsterhunde?«, fragte Maxi. Das Wort machte ihn ängstlich und neugierig zugleich.

»Nun ja«, erwiderte Olga, »solche armen Geschöpfe entstehen, wenn die Züchter eine übertriebene Inzucht betreiben.«

»Gibt es sie also wirklich?«, wollte Maxi wissen.

»Ich gebe dir ein Beispiel«, sagte Olga. »Wenn der Züchter ein besonderes Ziel vor Augen hat, wie etwa die Körpergröße bei Zwerghunden, dann nimmt er immer die Kleinsten aus einem Wurf, um mit ihnen weiterzuzüchten. Die Zucht solcher Winzlinge war schon in der römischen Kaiserzeit, also im 1. bis 3. Jahrhundert v. Chr., in Mode. In einem römischen Grab in Xanten am Niederrhein aus dieser Zeit fand man die Knochen eines sehr kleinen Hündchens, dessen Widerristhöhe, also von der Pfote bis zur Schulter, etwa 17 Zentimeter betrug. Im Vergleich dazu liegen die Chihuahua und die Yorkshireterrier bei 15 bis 20 Zentimeter und die Malteser bei 20 bis 24 Zentimeter. Letztere stammen von der dalmatinischen Insel Melita oder Melitea, die heute Mljet genannt wird und nordwestlich von Dubrovnik liegt.«

»Aha, verstehe schon«, spöttelte Maxi, »ein Minigebrauchshund, einsetzbar etwa als Wärmflasche.«

»Die dort gezüchteten Hündchen wurden Catulli melitei genannt«, fuhr Olga unbeirrt fort. »Die Römer nannten aber auch das heutige Malta Melita. Daher findet sich in der Hundefachliteratur bis heute der Hinweis, der Malteser sei nach der Insel Malta benannt. Stimmt allerdings nicht.«

»Du nimmst es aber ganz genau«, wunderte sich Maxi.

»Weiß ich doch auch nur vom Prof«, lenkte Olga ein. »Der erzählt solche Storys immer den Rassefanatikern, die mit ihren Rassehündchen vor Stolz schier platzen. Meist zitiert er dann noch ein Gedicht von dem römischen Dichter Martial, der die Zwerghündin ›Issa‹ besingt:

Issa, schelmischer als Catullas Sperling.
Issa, reiner noch als der Kuss der Taube.
Issa, kostbarer als der Inder Perlen (...)
An den Nacken gekuschelt ruht und schläft sie,
ohne dass man ihr Atmen je vernähme.

Eine ähnliche Miniausgabe von uns wurde auch schon von Azteken als Schoßhündchen gezüchtet, und die kleinsten von ihnen bringen gerade mal ein Pfund auf die Waage«, plauderte Olga weiter. »Das Tierchen passt also auf eine menschliche Hand. Für diese extreme

Zuchtauswahl müssen die armen Kerlchen einen hohen Preis bezahlen. Sie sind nämlich besonders anfällig für angeborene Herzfehler, offene Fontanellen, Knochenbrüche, Zuckerkrankheit, Krämpfe, und häufig rutscht auch noch die Kniescheibe ständig raus. Dann muss der Winzling wegen der sogenannten Patella-Luxation operiert werden.«

»Was ist denn eine offene Fontanelle?«, wollte Maxi wissen. »Kommt die nur bei dieser kleinsten Hunderasse der Welt vor?«

»Vor der Geburt eines jeden Säugetiers sind die Kopfknochenplatten noch nicht fest miteinander verbunden, und die Lücke zwischen ihnen nennt man Fontanellen«, erklärte Tante Olga. »Wenn diese sich nun genetisch bedingt nicht schließen, spricht man von einer Missbildung. Meist sind die kleinen Kerlchen nicht lebensfähig. Das andere Extrem bei der übertriebenen Züchtung sind Riesenhunde wie etwa die **Doggen**, auf die manche Besitzer besonders stolz sind. Die Dogge gilt ja als der ›Apoll unter allen Hunderassen‹. Als größter Hund der Welt hat es derzeit Giant George aus Arizona ins ›Guinnessbuch der Rekorde‹ geschafft, der sogar eine eigene Internetseite (giantgeorge.com) sein Eigen nennt. Er bringt 111 Kilogramm auf die Waage und misst 109 Zentimeter von der Pfote bis zur Schulter und 220 Zentimeter von der Nase bis zur Schwanzspitze. Normalerweise werden Doggen mit 45 bis 60 Kilo Körpergewicht gezüchtet. Sie altern allerdings schnell, haben Herzprobleme und Knochenerkrankungen.«

Olga schwieg nun, während sie ihre Liegeposition veränderte. Sie drehte sich

mehr zum Kamin, sodass die linke Hüfte dem wärmenden Feuer näher zu liegen kam. Sie gähnte herzergreifend. Dann signalisierte sie Maxi, dass sie wieder gesprächsbereit war.

»Also, das mit diesem Rekordbuch finde ich ziemlich albern«, fuhr Maxi fort. »Ich habe einmal an einem einzigen Nachmittag drei Kaninchen erwischt, ohne dass ich in einem solchen Buch verewigt worden wäre. — Welche Rassen wurden denn eigentlich zuerst gezüchtet?«

»Nun, ganz zum Anfang der Domestikation waren die Menschen noch Jäger und Sammler. Dass sie Viehzucht und Ackerbau betrieben, das kam erst später«, sagte Olga. »Zunächst waren also Jagdinstinkt und unterschiedliche Jagdeigenschaften gefragt. Daher könnte ich mir gut vorstellen, dass die ersten Züchter besonderen Wert auf den Jagdinstinkt gelegt haben. So gibt es etwa in der Sahara zahlreiche Ritzzeichnungen in Felsen mit Hunden als Jagdbegleiter aus der Neusteinzeit. Eine weitere Abbildung eines jagenden Hundes wurde vor Kurzem auf dem Tempelberg

Göbekli Tepe im Südosten der Türkei nahe der Stadt Sanliurfa von deutschen Archäologen entdeckt. Diese circa 12 000 Jahre alte Kultstätte gilt als älteste Kulturanlage der Welt – und der im Kalkstein verewigte Hund als ältester Bildbeleg für ein gezähmtes Tier. Der Prof hat das Foto erst unlängst zugeschickt bekommen. Es liegt dahinten auf dem Couchtisch.«

»Donnerwetter!«, staunte Maxi. »Da sind ja gleich zwei so kleine Kerle mit aufgerichtetem Schwanz hinter einer Wildsau her! Der Vordere hat einen kürzeren Schwanz als der andere und scheint mir zu bellen. Kurzbeinig sind sie wohl beide. Aber deine Vorfahren sind es jedenfalls nicht, sonst müssten sie ja Schlappohren haben.«

»Mit deiner Frotzelei triffst du einen wunden Punkt in der Geschichte der Rassehundezüchtung«, entgegnete Olga. »Früher hat man versucht, aus Knochenfunden der Bronzezeit Stammbäume aufzustellen. Leider wurden dabei aus Namen, die Wissenschaftler recht willkürlich gegeben hatten, fälschlicherweise Verwandtschaftsbeziehungen zu heutigen Hunderassen abgeleitet.

Solche falschen Stammbäume kursieren in Züchterkreisen noch heute, wohl nach dem Motto: Je älter eine Rasse, desto höher der Preis.

Zum Bewachen der Jagdlager oder der steinzeitlichen Pfahlbauten waren außerdem wachsame Schutzhunde gefragt, die durch ihr Bellen eine nahende Gefahr ankündigten. Aber das Bellen musste uns Hunden erst angezüchtet werden. Ein Wolf bellt und kläfft nämlich nicht. Nur der Wolfswelpe bellt kurz, wenn er sagen will: ›Komm, steh mir bei!‹ Eine Wölfin gibt höchstens ein kurzes ›Wuff‹ von sich, wenn sie die Jungen warnen will, und die verschwinden dann auch wie der Blitz in der Höhle. Genauso warnen der Afrikanische Wildhund und der Dingo mit einem Kurzlaut bei Gefahr. Dingos lernen das Bellen übrigens nie, selbst wenn man sie als Welpen einer Hündin unterschiebt. Die Ostgrönländischen Schlittenhunde können im Gegensatz zu den Westgrönländischen Schlittenhunden nur heulen, aber nicht bellen. Wenn aber so ein ostgrönländischer Heuler als Welpe von einer westgrönländischen Hündin aufgezogen wird,

30

so lernt er das Bellen. Offensichtlich hatten die Menschen früher ein viel feineres Gespür für Tiere und konnten so die Wesens- und Charaktereigenschaften bereits früh erkennen und danach züchten. Wenn es darum ging, einen Fuchs oder Dachs aus seinem Bau zu jagen, war ein Molosser fehl am Platz. Dafür war der sozusagen >tiefer gelegte< **Dachshund** oder Dackel wegen seiner Größe viel besser geeignet, wobei die **Rauhaardackel** wieder ein anderes

Jagdtalent als die **Langhaardackel** besitzen. Letztere lassen sich lieber als Schoßhunde streicheln als von einem Dachs oder Fuchs im verzweigten Bau in die Nase beißen. Beim Tierarzt sind die langhaarigen roten Dackel dagegen nicht so beliebt, weil sie wie die Krokodile beißen. Schon in Ägypten vor circa 3000 Jahren hat man dackelbeinige Hunderassen gezüchtet, die dann später in der Römerzeit in ihrem Charakter und ihrem Äußeren verändert wurden.

Es entstehen also durch Züchtung neue vom Menschen geschaffene Haustierarten, so wie im Laufe der Zeit durch die Evolution auf natürliche Weise neue Wildtierarten entstanden sind. Hat denn die menschliche Domestikation die natürliche Evolution abgelöst?«, fragte er.

»O nein«, widersprach Olga. »Früher haben die Wissenschaftler tatsächlich angenommen, die Domestikation sei gleichsam ein Modell der Evolution. Das ist aber falsch. Durch die Domestikation entstehen keine neuen Arten, sondern Rassen. Diese gehen alle auf eine Stammbaumform, eine Art zurück. Bei uns Hunden ist es der Wolf. Beim Menschen ist es ganz genauso. Alle Menschen, gleich welchen Aussehens, gehören zu einer einzigen Art. Zu Darwins Zeiten glaubte man noch, dass Arten gleichsam als ›gottgeschaffene Einheiten‹ in ihren wesentlichen körperlichen und genetischen Merkmalen übereinstimmen müssen. Dass also Menschen mit verschiedenen Hautfarben zu verschiedenen Arten gehören …«

Ich fasse also mal zusammen: Der Mensch hat immer verschiedene Rassen gezüchtet, um sie dann nach seinem Bedarf als Wach-, Jagd- oder Hütehund gebrauchen und einsetzen zu können. Wie wir noch sehen werden, brauchen diese Gebrauchshunde eine spezielle Ausbildung.«

»Die Bezeichnung Gebrauchshunde finde ich nach wie vor doof«, maulte Maxi. »Schließlich sind wir doch keine Gegenstände!«

Maxi grübelte. Das mit der Züchtung hatte er nun kapiert. Aber da gab es noch etwas, was ihm Kopfzerbrechen bereitete.

»Mal langsam«, brummte Maxi, »damit ich es auch nachvollziehen kann. Wenn ich mir jetzt unseren **Chihuahua** neben der **Dogge** vorstelle, so lassen sich die beiden körperlich doch nicht so recht in dieselbe Schublade stecken.«

»Zwar unterscheiden sich beide extrem in ihren körperlichen Merkmalen, aber sie können sich gemeinsam fortpflanzen«, entgegnete die Bernhardinerhündin. »Daher gehören für die moderne Biologie alle Individuen zur gleichen Art, die eine erfolgreiche natürliche Fortpflanzungsgemeinschaft bei freier Gattenwahl bilden und dabei fruchtbare Nachkommen erzeugen.«

»Kapier ich nicht«, meinte Maxi.

»Also pass auf«, erwiderte Olga. »Um hinter die komplizierten Zusammenhänge der Evolution zu kommen, hat man früher in Zoos zum Beispiel Löwen und Tiger gekreuzt. Dabei kamen die sogenannten ›Liger‹ heraus.«

»Aber das war doch weder natürlich noch freiwillig«, unterbrach Maxi. »Waren denn die Nachkommen fruchtbar?«

»Nein, waren sie nicht«, bestätigte Olga. »Es ist genauso, wie wenn man aus zwei anderen Arten, nämlich Pferd und Esel, Maultiere züchtet. Auch die sind unfruchtbar. Ähnliche Kreuzungsversuche hat man mit Wolf und Goldschakal durchgeführt. In freier Wildbahn paart sich der Wolf aber mit dem Goldschakal nicht, obwohl sich ihre beiden Verbreitungsgebiete in Eurasien überschneiden. In Amerika kommt der Kojote, nicht aber der Goldschakal vor.«

»Hat also auch nichts gebracht?«, sagte Maxi.

»Richtig«, bestätigte Olga. »Auch die mysteriösen ›Coydogs‹ aus Nordamerika, angebliche Kreuzungen von Kojoten mit Wölfen oder Hunden, hat man als große, aber reine Kojoten enttarnt.«

»Allmählich kapiere ich, dass in meinen Adern doch nicht das Blut des Goldschakals fließen kann«, seufzte Maxi. »Ciao, Anubis. Aber sag mal, haben wir Hunde eigentlich auch irgendwelche Vorteile von dieser Domestikation?«

»Eindeutig«, klärte Tante Olga auf. »Du siehst es schon daran, dass es weltweit heute Millionen von Haushunden gibt, in Deutschland allein circa 5,5 Millionen. Die Lebensräume der Wölfe werden dagegen wie deren Zahl immer kleiner. Aus der Sicht der Evolution haben wir Haushunde gleichsam eine bio-logische Nische gefunden, die uns kein anderer Vertreter aus unserer Familie streitig machen kann.«

Junge Dingos

Der Urahn gibt Pfötchen

Ist der Wolf der einzige Stammvater der Hunde?

Olga war wohl ein wenig müde geworden von den vielen Erklärungen, die sie Maxi gegeben hatte. Maxi dagegen konnte gar nicht genug davon bekommen. Er staunte, wie viel es über seine Artgenossen zu wissen gab.

Die Bernhardinerhündin legte seufzend ihren massigen Kopf zwischen die Vorderpfoten. Plötzlich hob sie ihn wieder. »Fast habe ich etwas Wichtiges vergessen, was deine Frage nach den vielen Rassen betrifft.«

»Na, da bin ich aber gespannt, wen wir jetzt mit wem kreuzen«, sagte Maxi und richtete seine spitzen Ohrtüten auf.

»Wenn unser Stammvater Wolf in relativ kurzer Zeit eine Urenkelschar von über 400 verschiedenen Rassen hervorgebracht hat, seine Nachkommenschaft also geradezu wie ein Feuerwerk explodiert ist, dann muss man auch nach dem zündenden Sprengsatz fragen!«, fuhr Olga fort.

»Wenn du noch näher ans Kaminfeuer rückst, wirst du es ihm gleich nachmachen«, meinte Maxi trocken.

»Das war ganz klar die Inzucht«, sagte Olga.

»Und was war das bitte noch mal?«, hakte Maxi nach.

»Wenn man immer wieder Geschwister einer Familie miteinander verpaart oder rückkreuzt mit den Eltern, nennt man das so«, erklärte Olga geduldig: »Vor etwa 30 Jahren hat der Prof als Tierarzt den Verhaltensforscher Eberhard Trumler betreut.«

»Du meinst seine Hunde?«, frotzelte Maxi.

»Natürlich, du Schlaumeier«, erwiderte Olga und tat beleidigt.

»Entschuldigung, sei doch nicht gleich eingeschnappt, wenn ich mal ein Späßchen mache«, meinte Maxi.

»Dieser Forscher hat zwei Dingos aus einem Wurf verpaart«, erzählte Tante Olga weiter. »Der Wurf bestand nur aus zwei Welpen. Diese waren nicht normal schwarzbraun gefärbt, wie bei

Dingos üblich, sondern hellsilbergrau. Leider überlebte nur das weibliche Tier, dessen Fellfärbung später einen Stich ins Gelbliche aufwies, etwa wie das ›Apricot‹ beim Pudel, das ja auch eine erbliche Farbmutation ist. Diese Hündin namens Arta blieb relativ klein, gleichsam ein Kleindingo. Sie entwickelte sich zu einer quicklebendigen Hündin, die auch gegen Fremde äußerst freundlich war. Dingos entwickeln sonst eigentlich gegen Unbekannte eine ausgeprägte Scheu! Dann warf die Mutter ihren zweiten Wurf: Die drei Hündinnen daraus waren wieder ungewöhnlich klein, aber normal gefärbt. Der Rüde jedoch war wieder normal groß und silbergrau.«

»Und was genau hat das jetzt mit den vielen Rassen zu tun?«, fragte Maxi.

»Sehr viel«, entgegnete Tante Olga. »Weil in nur zwei Generationen Größen-, Färbungs- und Wesensunterschiede sowie Unterschiede körperbaulicher Art aufgetreten sind.«

»Das ging ja in der Tat sehr schnell«, staunte Maxi.

»Da war noch was!«, gab sich Olga geheimnisvoll. »Der Verhaltensforscher Trumler war ein exzellenter Beobachter und ein sehr guter Zeichner. Er hat die Pfoten von Arta mit denen eines normalen Dingos verglichen und aufgezeichnet.«

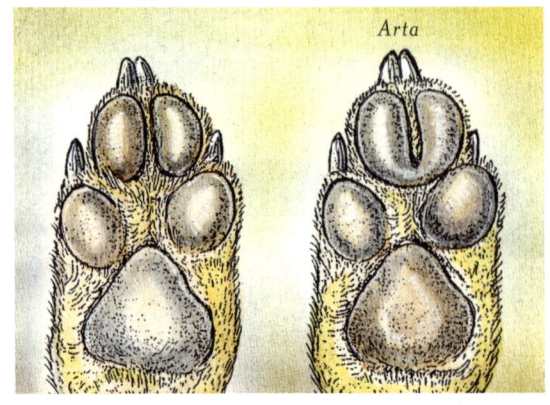

Arta

»Und was sieht man da Besonderes?«, fragte Maxi.

»Bei Arta waren die beiden mittleren Zehenballen verwachsen, beim Dingo nicht.«

»Sind sie bei mir auch nicht!«, sagte Maxi nach einem kurzen prüfenden Blick auf die eigenen Pfoten.

»Das verbindet uns«, gab Olga zurück. »Und das Verrückte dabei ist Folgendes: Diese Verwachsung kannte der Forscher von seinen Schakalen her!«

»Jetzt bringst du mich aber durcheinander«, klagte Maxi. »Also doch wieder der Goldschakal?«

»Das dachte Eberhard Trumler natürlich auch und glaubte schon den Beweis dafür gefunden zu haben, dass der Goldschakal der zweite Stammvater von uns Hunden ist. Doch dann verglich er die Pfoten von anderen Caniden, also Wildhunden, und fand eine solche Verwachsung auch bei zwei Südamerikanern, nämlich beim Mähnenwolf und dem Waldhund. Diese stehen sich zwar verwandtschaftlich nahe, sind jedoch mit dem Schakal und mit Arta nicht direkt verwandt! Dieses komische Merkmal tritt sonst aber bei keinem der Wildhund-Verwandten auf!«

»Und wo kommt es dann her?«, wollte Maxi wissen.

»Das ist ein sogenannter Atavismus«, erklärte Olga, »von ata, dem lateinischen Wort für Vorfahre. Es könnte ein Zeichen dafür sein, dass der allen Wildhunden gemeinsame Urahne dieses Merkmal getragen hat. Im Laufe der Evolution tritt ein solches Zeichen dann nicht mehr sichtbar auf. Es schlummert aber weiter in den Genen, um dann Generationen später plötzlich wieder aufzutauchen.«

»Kommt denn so etwas bei anderen Tieren auch vor?«, fragte Maxi.

»Durchaus«, sagte Olga. »Da gibt es etwa das Schulterkreuz und die Beinstreifung beim Przewalski-Urwildpferd und beim Somali-Wildesel ebenso wie beim Hauspferd und Hauesel. Demnach waren deren gemeinsame Urahnen gestreift. Eine ähnliche Streifung tragen auch Tapire und Wildschweine und auch manche alte Hausschweine-rassen in den ersten Lebens-

wochen. Und Pumababys tragen Flecken und Tupfen wie Kleinkatzen, verlieren sie aber mit einem halben Jahr. Der Urahn der jeweiligen Familie lässt also auch bei denen grüßen.«

»So interessant das alles auch sein mag, das waren jetzt ziemlich viele Storys aus alten Zeiten«, sagte Maxi. »Die frühen Züchter gibt es schon lange nicht mehr, und ihre Hunde oder gar Rassen sind mit ihnen verschwunden.«

»Aha, und wer kommt mir denn immer mit seinem schakalblütigen Anubis daher?«, stichelte Tante Olga. »Die Geschichte lehrt uns sehr viel. Umso mehr, wenn man die gemeinsame Entwicklung und gegenseitige Beeinflussung in der Hund-Mensch-Beziehung betrachtet. Da gibt es kein anderes Haustier, das uns Hunden an Vielseitigkeit das Wasser reichen könnte.

Und übrigens: Es gab bei den alten Ägyptern auch noch den Gott Seth, dessen Kopf dem deinen verdammt ähnlich sieht. Er trägt den Kopf eines Windhundes und ist bereits auf Felsbildern am Rande der Sahara abgebildet, die mehr als 10 000 Jahre alt sind. Damit ist deine Pharaonenhund-Ehre wieder gerettet! Du brauchst den Schakal also nicht mehr zu bemühen.«

Ein Stoff namens Skatol
Warum Hunde sich für Häufchen interessieren

Erinnerst du dich, Olga«, fing Maxi an, »wie vor einiger Zeit die junge Menschenmutter mit ihrem Baby zu Besuch war? Das Baby roch so gut, und beim Spielen auf der Decke habe ich es beschnüffelt. Wie die Mutter sich da aufgeführt hat! Auch der Prof hat mich gleich zurückgepfiffen und mir einen Klaps gegeben. Dabei habe ich doch nichts Böses getan. Mein Besitzer in Spanien hat sich gern von mir küssen lassen, und wenn er mich streichelte und ich ihm die Hände abgeleckt habe, hat er das sehr gemocht!«

»Natürlich ist mir auch nicht entgangen, dass die Pampers des Babys verführerisch dufteten«, sagte Olga. »Für uns Hunde steckt darin ein Leckerbissen. Unsere Vettern in den warmen Ländern der Dritten Welt haben das Glück, dass Windeln dort unbekannt sind.«

»Himmlische Zustände«, seufzte Maxi. »Jedenfalls für uns Hunde.«

»Kann man so sagen«, meinte Olga. »Bei dem afrikanischen Volksstamm der Turkana, die als Hirtenvolk besonders eng mit ihren Hunden zusammenleben, lauern die Hunde geradezu darauf, dass die Babys ihr Geschäftchen machen, damit ihnen ja nichts entgeht. Übrigens hast du das Baby mit deinem Nasenstupsen in die Pampers fast umgeschmissen.«

»Wollte ich gar nicht«, entgegnete Maxi.

»Ist ja auch nichts passiert«, beruhigte ihn Olga. »Interessant daran ist, dass die Verhaltensforscher unser aufforderndes Nasenstupsen vom Fellbohren des noch blinden Saugwelpen ableiten. Der Welpe bohrt sich durchs Fell der Mama, bis er mithilfe seines Geruchssinns die Zitze gefunden hat.«

»Verstehe«, sagte Maxi. »Dann könnte es ja vielleicht auch sein, dass uns dunkle Geruchserinnerungen aus unserer Säuglingszeit zu dem für Menschen so peinlichen Windelinhalt hinziehen?

Hängt das mit dem Milchgeruch zusammen, der kleinen Menschenbabys anhaftet?«

»Mag durchaus sein«, bestätigte Olga. »Da müssen die Verhaltensforscher wohl noch etwas experimentieren und nachdenken. Für uns sind volle Windeln ein Leckerbissen, aber leider passen sie nicht in die Hygienevorstellungen der Mamas hierzulande, und deshalb werden die Pampers für uns unerreichbar entsorgt. Früher, als die Windeln noch gewaschen und nicht als Einmalpaket weggeworfen wurden, wussten die Mütter sehr wohl, dass wir Hunde den Windelinhalt überaus schätzen. Es war unter den Menschen damals eine geläufige Redensart, wenn man über jemand Gierigen sagte: ›Der ist darauf so scharf wie ein Hund auf eine volle Windel.‹ Übrigens werden noch heute bei Nomadenvölkern Asiens und Afrikas oder auch bei den Inuit, wo der Tisch nicht so üppig gedeckt ist wie im reichen Europa, alle Essens- und menschlichen Verdauungsreste von den Hunden dort gefressen.«

»Selbst mein Hippie-Besitzer hat mich geschimpft, wenn er mich dabei erwischt hat«, erinnerte sich Maxi.

»Das Fressen von Kot, das die Wissenschaftler als Koprophagie bezeichnen, empfinden die Menschen als extrem widerlich, und insofern ist es ein Tabuthema, das in Gesellschaft ungern angesprochen wird«, sagte Olga.

»Dann muss das Zeug ja für die menschliche Nase so widerlich riechen, wie wenn wir Hunde Kölnisch Wasser, Salmiakgeist, Äther oder sonst ein Parfüm in die Nase bekommen«, folgerte Maxi.

»Deswegen hat die junge Mutter sich auch so aufgeregt, als dieses Thema nach deinem Windel-Schnüffeln zur Sprache kam«, antwortete Olga. »Da hatte der Prof gleich eine interessante Geschichte parat. Bei Meerschweinchen und Zwerghasen, die ja von Kindern gerne als

40

Streicheltiere gehalten werden, ist diese Koprophagie im Gegensatz zu uns Hunden lebensnotwendig, da die Bakterien in ihrem Darm das lebenswichtige Vitamin C produzieren. Steril auf Drahtgitter gehaltene Kaninchen oder Meerschweinchen würden an Vitamin-C-Mangel sterben. Wenn übrigens einer unserer Gäste steif und fest behauptet, sein Hund würde niemals Kot fressen, weil er ihn richtig füttere, zitiert unser Prof gern den alten Brehm: ›Wenn sie es haben können, verzehren sie Aas mit wahrer Leidenschaft, und selbst die wohlerzogensten und bestgehaltenen Hunde verschlingen gierig die Auswurfstoffe des menschlichen Leibes.‹ Dann erzählt er meist lachend weiter, dass es noch gar nicht so lange her ist, dass in der europäischen Volksmedizin weißer Hundekot verordnet wurde.«

»Du meinst den harten weißen Kot, den wir absetzen, wenn wir überwiegend Knochen fressen?«, fragte Maxi.

»Genau«, bestätigte Olga. »Besonders wenn er am Johannistag gesammelt worden war, galt Album graecum (lateinisch: Griechisch Weiß) als Heilmittel gegen Tuberkulose, Asthma, Fieber, Geschwülste und Geschwüre.«

»Das find ich lustig«, meinte Maxi. »Da hätte ich ja mit meinen Kumpels am Strand nach jedem Grillwochenende gleich eine Apotheke aufmachen können.«

»Nach der Meinung vieler Archäologen war es eine ganz wichtige Aufgabe der Torfspitze, die Siedlungen der Jäger und Sammler und deren Pfahlbauten auf diese Weise hygienisch sauber zu halten«, erklärte Olga. »Die Menschen

hätten sich sonst der Mäuse und Ratten nicht erwehren können.«

»Dafür, dachte ich, seien die Katzen zuständig gewesen«, wandte Maxi ein.

»Die Katzen waren für unsere Vorfahren bei der Nagerjagd noch keine Hilfe«, erwiderte Olga. »Sie wurden erst sehr viel später, und zwar im Neuen Reich in Ägypten etwa 1900 v. Chr., zum Haustier. Ihre Stammform ist die Wildkatze.«

»Na gut«, meinte Maxi, »aber eines verstehe ich immer noch nicht. Die Zwergkaninchen und die Meerschweinchen dürfen ja bekanntlich von den Kindern beschmust werden, obwohl sie laufend ihren eigenen Kot fressen.

Wenn unsereins nur mal an einem Pampers-Träger riecht, kriegt er gleich einen Klaps!«

»Unser Prof hat da seine eigene Theorie«, fuhr Olga fort. »Er meint, dass wir Hunde nicht über unseren Schatten springen können. Was für uns am Kot so wunderbar riecht, ist ein Stoff, der bei der Zersetzung von Eiweiß sowohl bei der normalen Verdauung als auch beim Verfaulen von Fleisch an der Luft entsteht. Der heißt Skatol (nach dem altgriechischen Wort für Kot, Mist). Für alle aus unserer Familie, meint der Prof, sei er insofern überlebenswichtig, als wir sonst einen Kadaver gar nicht riechen könnten. Wir alle fressen bekanntlich Aas, und die Wölfe wären längst ausgestorben, wenn sie das nicht täten. Selbst der Löwe als König der Tiere greift lieber zu einem Stück Aas, statt mühselig einem Zebra hinterherzujagen. Bären können Aas bis auf sieben Kilometer Entfernung riechen.

Daher kommt wohl auch der weise Spruch der Irokesen: ›Wenn ein Blatt vom Baum fällt, so sieht es der Adler, hört es der Coyote und riecht es der Bär.‹«

»Und wahrscheinlich wollen wir Hunde uns diese wichtige Duftnote immer wieder neu einprägen, wenn wir uns beim Gassigehen zum Entsetzen unserer Herrschaft ausgiebig in so einem Skatol-Häuflein wälzen«, folgerte Maxi daraus.

Und Olga nahm den Hinweis auf. »Und wenn sich eine teuer parfümierte Dame darüber besonders entrüstet, dann hat unser Prof natürlich ein Sprüchlein parat.«

»Da bin ich aber gespannt, wie er es schafft, unser Skatol-Bad moralisch zu entkräften«, sagte Maxi neugierig.

»Wissen Sie, gnädige Frau«, ahmte Olga die Stimme des Profs nach, »dieses Skatol kann man auch künstlich herstellen. Wenn man es hoch genug verdünnt, duftet es für unsere menschliche Nase nach Jasminblüten. Deshalb verwendet es sogar die Parfümindustrie. Außerdem essen Sie es mit jedem Stück Schweinebraten, weil es dort in Spuren auch im Fettanteil enthalten ist.«

»Bravo«, meinte Maxi, »so erzeugt man Vegetarierinnen, die statt nach Parfüm nach Kernseife riechen!«

43

Problematische Küsschen
Haben Hunde und Menschen dieselben Krankheiten?

Noch einmal zurück zu deiner Frage, warum die Menschen sich gegenüber uns Hunden und gegenüber Kaninchen und Meerschweinchen so unterschiedlich verhalten«, begann die Bernhardinerhündin. »Es gibt da übrigens eine alte Hebammenregel, nach der man junge Hunde und Babys nicht gemeinsam aufziehen soll. Wenn du einmal darüber nachdenkst, wo du während des Tages überall deine Nase hinsteckst und was du, bis hin zu diversen Sorten von Verdauungsresten, so alles frisst, scheint mir diese Regel aus menschlicher Sicht durchaus sinnvoll zu sein.«

»Darum hat die junge Mutter, die uns unlängst besuchte, also so heftig reagiert«, ergänzte Maxi.

»Genau«, bestätigte Olga. »Babys und Kleinkinder haben ihr Abwehrsystem nämlich noch nicht ausgebildet und sind dadurch für alle möglichen Krankheitskeime besonders empfänglich. Ob dies nun Bakterien sind, wie etwa die Salmonellen, die beim Menschen als Typhus zu tödlichen Durchfällen führen können, oder ob es Kolibakterien oder sonstige Schmutz- und Schmierkeime

sind, die wir Hunde übertragen können. Ein Infektionsrisiko kann immer gegeben sein! Deswegen sollten sich Kinder auch nicht von Hunden ablecken lassen, schon gar nicht von fremden Hunden.«

»Aber der Prof hat uns doch Pillen dagegen gegeben«, wandte Maxi ein.

»Die Pillen sind nur gegen Würmer«, klärte ihn Olga auf. »Die Eier des Hunde- beziehungsweise Fuchsbandwurms werden nämlich durch Hundekot und Fuchslosung übertragen und können dann in den inneren Organen des Menschen zu großen traubenförmigen Blasen heranreifen, die nur schwer zu behandeln sind. Diese Erkrankung kann für den Menschen lebensbedrohlich sein. Die Larven der Spulwürmer, die wir Hunde oft in unserem Darm tragen, können sich bei Kindern im Augenhintergrund ansiedeln und zu Blindheit

führen. Früher war außerdem die Tollwut noch gefürchtet, aber dagegen werden wir ja regelmäßig geimpft. Bei fremden Hunden, vor allem im Urlaub, wenn streunende Hunde das Streichelmitleid der Kinder erregen, sollten die Eltern besonders aufpassen. Da ist nach Hundekontakt auf jeden Fall reichliches Händewaschen angesagt! Von ungepflegten Hunden, vor allem wenn sie Milben haben, können sich Kinder leicht eine Allergie einfangen.«

»Aha«, sagte Maxi, »jetzt verstehe ich, warum mich der Prof, gleich nachdem er mich gekauft hatte, so gründlich abgeseift und gegen die lästigen Ohrmilben behandelt hat. Aber etwas anderes interessiert mich noch mehr: Wenn unsere Küsschen so schwerwiegende Folgen für den Menschen haben können, wie sieht es dann eigentlich umgekehrt aus? Du weißt, wie sehr einem Knutschmenschen lästig werden können. Kann ein Hund davon krank werden?«

»Das ist wirklich eine interessante Frage«, antwortete Olga, »zumal die Wissenschaft erst in den letzten Jahren eine verlässliche Antwort darauf zu geben weiß. Denn mit der Domestikation des Hausrindes hat sich der Mensch von diesem eine Viruskrankheit angelacht, die Masern nämlich. Daran sterben

heute noch in den Ländern der Dritten Welt viele Kinder. Mit der Entdeckung Amerikas schleppten die Spanier die Masern dort ein mit dem Effekt, dass ganze Volksstämme der Indianer ausstarben. Man nimmt heute an, dass etwa 3000 bis 2500 Jahre v. Chr. im Zweistromland zwischen Euphrat und Tigris, wo damals erstmalig in der Menschheitsgeschichte Rinderzucht im größeren Rahmen betrieben wurde, das Rinderpestvirus auftrat. Dieses ist eng mit dem Masernvirus verwandt. Sehr wahrscheinlich hat es sich im Menschen dazu umgewandelt. Durch zusätzliche Untersuchungen des Virus konnte man nachweisen, dass dies im 11. und 12. Jahrhundert n. Chr. stattgefunden hat. Dann dauerte es nochmals ein paar Hundert Jahre, bis dieses menschliche Masernvirus auf uns Hunde übersprang. In uns verwandelte es sich nun in das gefährliche Staupevirus. Der erste Fall wurde im Jahr 1905 beschrieben. Die Staupe geht bei uns Hunden häufig tödlich aus, und erst vor rund 60 Jahren wurden die ersten Impfstoffe dagegen entwickelt. Sie wurden übrigens aus menschlichem Masernvirus hergestellt.«

»Ein Glück, dass uns der Prof dagegen geimpft hat«, meinte Maxi. »Dann kann uns das Staupevirus gar nicht erst

DER HUND ALS ÜBERTRÄGER DER STAUPE

Hyäne

Waschbär

Marder

Delfin

Robben

anstecken. Wenn alle Hunde auf der Welt dagegen geimpft würden, dann würde das Virus vielleicht aussterben, oder?«

»Ganz so einfach ist das leider nicht«, antwortete Olga. »Heute nehmen die Wissenschaftler an, dass die gesamte Ordnung der Fleischfresser vom Staupevirus befallen werden kann. So hat man es bei Großkatzen in Zoos ebenso nachweisen können wie bei den Todesfällen von Löwen im Serengeti-Nationalpark im Jahre 1994. Aber auch Hyänen, Marder, Waschbären, Robben und Delfine fallen ihm zum Opfer. In der Antarktis waren es die Schlittenhunde, an denen sich die Krabbenfresser, eine dortige Robbenart, infiziert haben. Die Folge war ein großes Massen-

sterben. Das große Seehundsterben in der Nord- und Ostsee vor einigen Jahren sowie die seuchenhaften Todesfälle bei den Baikalrobben gehen auch auf das Konto des Staupevirus. Sehr wahrscheinlich sind der Tasmanische Beutelwolf sowie das amerikanische Schwarzfußwiesel aufgrund von Staupeinfektionen ausgestorben. Neuerdings sind beim Sibirischen Tiger im Amur-Ussuri-Gebiet Erkrankungen des Nervensystems beobachtet worden, die sehr wahrscheinlich auch auf das Konto des Staupevirus gehen.

Ganz so falsch lagst du also nicht mit deiner Frage. Aber keine Sorge, die Staupe wird natürlich nicht durch Menschenküsse übertragen, und mit ihrem Schnupfen oder Husten können sie uns auch nicht anstecken. Knutschmenschen sind nur etwas lästig, aber nicht gefährlich.«

Tasmanischer Beutelwolf

47

Ein Führerschein für Alphatiere

Worauf es bei der Hunde-erziehung ankommt

Olga rappelte sich im Zeitlupen-tempo vor dem Kamin auf, schüttelte sich durch, dass die Ohren um ihren großen Schädel klatschten, und stöhnte leise, als sie ihr Kreuz durchstreckte.

»Nur langsam«, mahnte Maxi, »denk an dein Hüftgelenk!«

Die Bernhardinerdame brummte und tappte langsam am großen Bücher-regal entlang. Als sie um die Ecke zum Wassernapf bog, knurrte sie leise.

»Warum knurrst du eigentlich im-mer, wenn du zum Wassernapf gehst?«, fragte Maxi, als sie zurückkam. »Ist dir das Wasser zu abgestanden oder nicht kalt genug?«

»Das Wasser ist es nicht, ob-wohl es ruhig etwas frischer sein könnte«, brummte Olga. »Im Regal dort steht ein Buch, aus dem der Prof gerne seinen Gästen vor-liest. Es heißt ›Herr und Hund. Ein Idyll‹.«

»Was bitte ist ein Idyll? Und wovon handelt denn das Buch?«, wollte Maxi wissen.

»Nun, das Wort ›Idyll‹ bezeichnet eigentlich ein friedliches, einfaches, meist ländliches Leben, und das Buch handelt von einem Hühnerhundmisch-ling namens Bauschan, mit dem sein Herr, der Schriftsteller Thomas Mann, täglich lange Spaziergänge unternimmt«, erzählte Olga. »Dabei stöbert Bauschan einmal einen Hasen auf, der auf seiner kopflosen Flucht zur Überraschung beider am Schriftsteller hochspringt, gleichsam ›in des Jagdherrn schreck-lichen Schoß‹, wie Thomas Mann schil-dert. Nun folgt eine Szene, die mich zum Knurren bringt. Der jagende Bauschan ›mit Horrido und allen Kopf-tönen der Leidenschaft‹ wird von sei-nem Herrn jäh gestoppt, und zwar sehr unsanft. ›Denn ein gezielter und vorbe-dachter Stockschlag vom Herrn des Hasen ließ ihn quiekend und mit einem vorübergehend gelähmten hinteren

und den blitzschnellen Haken, die sie damit schlagen können! Stell dir mal vor, eine Katze würde geprügelt, nur weil sie gerade eine Maus fangen will. Das würde sie diesem sonderbaren Erzieher wohl nie verzeihen. Und uns Hunden prügelt man ein schlechtes Gewissen ein; dabei können wir doch gar nicht wissen, was wir beim Jagen falsch gemacht haben sollen. Aber wir beschweren uns nicht, sondern ergeben uns hündisch in diese menschliche Zwangsgemeinschaft, die sie Domestikation nennen.«

»Da hast du recht«, stimmte Olga zu. »Die Menschen nutzen unsere angeborene soziale Unterordnung im Rudel aus, die uns noch vom Wolf her im Blut steckt. Dem Leitwolf, dem sogenannten Alphatier, müssen sich alle Rudelmitglieder unterordnen. Ein solches Verhalten ist der Katze fremd, denn außer bei den Löwen bilden die Katzen keine Rudel.«

»Und deshalb ordnen sie sich auch dem Menschen nicht so sehr unter wie wir Hunde«, folgerte Maxi.

»Es wäre interessant, wie sich wohl ein Löwe als Haustier verhalten würde«, fügte Olga hinzu.

Oberschenkel den Abhang zur rechten ein Stück Weges hinunterstolpern, den er dann hinkend erst wieder erklettern musste, bevor er mit starker Verspätung die Fährte des nicht mehr sichtbaren Hasen wieder aufnehmen konnte.‹«

»Au zwick«, meinte Maxi, »da scheint mir dieses Idyll sehr einseitig gewesen zu sein. Vielleicht hätte der Mann sich lieber einen Pekinesen statt eines Jagdhundes halten sollen. Dem armen Bauschan solche Prügel zu verpassen, nur weil das Tier seinem Jagdinstinkt folgt? Da hätte doch ein lautes Brüllen zum Ablenken genügt, und der Hase wäre über alle Berge gewesen. Ich kenne doch diese Kerle mit ihren langen Ohren, den noch längeren Hinterhaxen

»Ob der sich dann genauso unterordnen und erziehen lassen würde wie wir Hunde?«, meinte Maxi. »Bestimmt nicht! Und außerdem wäre er dem Menschen doch ein paar Nummern zu groß. Aber Löwe hin oder her, eine Erziehung mit Prügeln darf nicht sein! Was habe ich an den spanischen Mülltonnen für arme, zu Angstbeißern gewordene Freunde gehabt, die um jeden Menschen einen großen Bogen machten, nur weil sie geprügelt worden waren. Wenn man als Mensch unsere Herzen gewinnen will, dann muss man unsere Wesensart, unser Verhalten und unseren Charakter genau kennen und verstehen. Das geht nur mit Kopf und Verstand und niemals aus dem Affekt heraus. Sonst artet es wie in dem Buch von Thomas Mann zu einem lähmenden Stockschlag aus.«

»Das sehe ich genauso«, seufzte Olga. »Und es scheint ja nicht bei dem einen Schlag geblieben zu sein, zumal es weiter vorne in dem Buch heißt: ›Während Gevatter Bauschan vor ordinärer Feigheit schon quiekt und schreit, wenn ich nur den Arm hebe, kurzum keine Ehre, keine

Strenge gegen sich selbst.‹ Mit solchen menschlichen Moralbegriffen können wir Hunde nichts anfangen. Wenn einer von uns schon quieken und schreien muss, nur wenn sein Herr den Arm hebt, dann muss dieser Hund schlimme Erfahrungen gemacht haben ... Verstehst du jetzt, warum ich am Regaleck immer knurren muss?«

»Sogar besser, als du denkst«, pflichtete Maxi ihr bei. »Wenn die Straßenjungs an den Mülltonnen den Arm gehoben haben, dann mussten wir sehr schnell Reißaus nehmen, denn dann prasselten gleich die Steine. Wenn Menschen mit ihren Hunden Spaß und

Freude haben wollen, müssen sie viel über uns lernen. Nur dann geht es auch uns Hunden gut.«

Olga nickte. »Und das setzt Kenntnis, Verständnis, Liebe und vor allem viel Zeit voraus. Die Kenntnis zumindest können sich unsere neuen Alphatiere ja heute ganz gut aneignen, zum Beispiel durch den sogenannten Hundeführerschein, der von verschiedenen Tierärztekammern und Vereinen angeboten wird. Das hat nichts mit der Genehmigung zur Haltung von Kampfhunden zu tun. Auf die kommen wir später noch zu sprechen.«

»Und wie macht man diesen Hundeführerschein?«, wollte Maxi wissen.

»Den bekommen Menschen, wenn sie an Fortbildungen teilnehmen. Dabei werden ihnen richtiger Umgang, Sicherheit, Vertrauen und die notwendige Rücksicht gegenüber Hunden vermittelt«, antwortete Olga. »Die wichtigste Voraussetzung für ein harmonisches Miteinander ist, dass wir als echte Lebensgefährten akzeptiert werden. Die Prügel aber entlarven den Besitzer und zeigen, dass er von uns Hunden im Grunde wenig versteht. Mark Rowlands, der Philosoph mit dem Wolf, über den

ich dir nachher noch mehr erzählen werde, bringt das so auf den Punkt: ›Man findet etwas Wesentliches über einen Menschen heraus, wenn man sieht, wie er Schwächere behandelt.‹ Damit meint er den Umgang des Menschen mit den Machtlosen, und das gilt sowohl für den Mitmenschen als auch für das Tier. Und was gibt es Machtloseres als ein Tier in Menschenhand!«

»Das klingt aber sehr traurig«, meinte Maxi nachdenklich. »Da muss ich an die vielen jungen Hunde denken, die durch falsche Erziehung, sprich Prügelei, zu neurotischen Kriechern geworden sind. Dabei ist die beste Erziehungsmethode für einen jungen Hund, ihn am Nackenfell hochzunehmen und kräftig zu schütteln. Genauso macht es nämlich auch seine Mutter ...«

»Auch unser Prof wird traurig, wenn es um das Schlagen von Hunden geht«, fuhr Olga fort. »Und dann zitiert er meistens aus dem Roman des tschechischen Schriftstellers Milan Kundera, ›Die unerträgliche Leichtigkeit des Seins‹: ›Die wahre menschliche Güte kann sich in ihrer absoluten Reinheit und Freiheit nur denen gegenüber äußern, die keine Kraft darstellen. Die wahre moralische Prüfung der Menschheit, die elementarste Prüfung (die so tief im Innern verankert ist, dass sie sich dem Blick entzieht) äußert sich in der Beziehung der Menschen zu denen, die ihnen ausgeliefert sind: zu den Tieren. Und gerade hier ist es zum grundlegenden Versagen des Menschen gekommen, zu einem so grundlegenden Versagen, dass sich alle anderen aus ihm ableiten lassen.«

»Klingt gut«, meinte Maxi. »Mit idyllischem Prügeln kommt man nicht weiter. Und eines weiß ich gewiss: Alle Prügel dieser Welt hätten mich niemals vom Jagen abhalten können!«

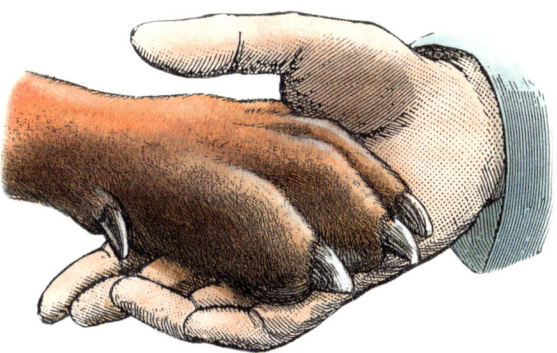

Halali-Spezialisten
Wie man ein guter Jagdhund wird

Übrigens«, sagte Olga, »da wir gerade vom Jagen sprechen: Dass du so gerne Kaninchen jagst, liegt deiner Rasse seit Jahrhunderten im Blut. Im Arabischen wird sie als **Kelb tal-Fenek** bezeichnet. Das heißt Kaninchenhund.«

»Das können wir Windhunde eben besonders gut«, entgegnete Maxi stolz.

»Pardon, du Karnickelscheucher, da muss ich dich leider korrigieren«, sagte die Bernhardinerhündin. »Du bist kein Windhund, nur weil du laut kläffend – statt lautlos – hinter den grauen Flitzern herjagst, und das stundenlang und selbst bei großer Hitze und im schweren Gelände. Dabei setzt du nämlich nicht nur dein Gehör, sondern auch dein gutes Näslein ein. Dieses aber haben trickreiche Züchter den Windhunden so gut wie weggezüchtet. Diese verfolgen ihre Beute auf Sicht. Stell dir vor, ein **Barsoi**, also ein russischer Windhund, müsste plötzlich bei der Verfolgung eines Wolfes mit der Nase und nicht auf Sicht arbeiten. Dann wäre Meister Isegrim längst über alle sieben Berge. Es gilt bei manchem Züchter als die Krönung der Züchtungskunst, dass man beim Windhund aus einem ›Nasentier‹ ein ›Augentier‹

gemacht hat. Schwerlich kann man ein Tier genetisch mehr manipulieren und umfunktionieren.«

»Jetzt wird mir einiges klar«, meinte Maxi. »Wenn ich mir den Kopf eines Bluthundes etwa neben dem eines **Greyhound**, eines **Whippet** oder eines **Italienischen Windspiels** vorstelle, dann ist da in den langen schmalen Schnauzen ja auch gar kein Platz für große Nasenmuscheln mit einer entsprechend großen Oberfläche für die Riechschleimhaut.«

»Genau«, antwortete Olga, »gut beobachtet. Die größeren Windhundrassen wurden früher an den Adelshöfen zur Jagd eingesetzt. Die arabischen **Sloughi** und die persischen **Saluki** wurden zunächst mit Pferden oder Kamelen in die Nähe der Gazellenrudel gebracht. Wenn die Gazellen dann flüchteten, warf der Falkner seinen Falken in die Höhe. Der fuhr wie ein gefiederter Blitz vom Himmel und schlug seine scharfen Krallen der Gazelle in den Kopf.«

»Also eine Jagd mit Unterstützung aus der Luft«, staunte Maxi. »Hat denn der Falke die Gazelle mit seinen Klauen getötet?«

»Nein, das kann er nicht«, antwortete Olga. »Aber er hat mit seinen Flügelschlägen die Gazelle bei der Flucht so lange gehindert, bis die losgehetzten Windhunde eingetroffen waren.

Allerdings ging es den adligen Jägern nicht darum, Beute zu machen für den hungrigen Magen, sondern darum, sich einen Kick zu verschaffen, wenn sie im gestreckten Galopp über Stock und Stein den Hunden hinterherhetzten.«

»Jagen nur zum Spaß – das kenne ich«, meinte Maxi. »Solche höfischen Jagden sind heutzutage natürlich out. Und der Kick, der bei Greyhound- und Whippetrennen ausgelöst wird, liegt wohl nur noch in der Höhe des Betrages, der auf den Sieger gesetzt wird.«

»Auch die früheren Parforcejagden mit den riesigen Meuten von Bracken und Beagles waren reine Belustigung der höheren Gesellschaft, von Adel und Klerus«, erklärte Olga. »Dabei wurde das Wild dann entweder in ein Groß-gatter oder in einen See getrieben und dort abgeschossen oder abgestochen. Als dann nach der Französischen Re-volution Klerus und Adel ihre großen Ländereien abtreten mussten, wurden die Jagdgebiete in viel kleinere Reviere aufgeteilt. Die kostspieligen Hunde-meuten wurden abgeschafft, weil diese Jagdmethode wegen der neuen Revier-grenzen nicht mehr eingesetzt werden konnte. Viele der vorher gebräuchlichen Jagdhundrassen starben aus.«

»Das muss ja ein scheußliches Ge-metzel gewesen sein, so eine Parforce-jagd«, meinte Maxi. »Die armen zu Tode gehetzten Kreaturen hatten dabei ja kaum eine Chance zu entkommen. Wenn ich jage, können die Kaninchen immer blitzschnell in ihren Bau flüch-ten, und ich gehe leer aus.«

»Seit damals«, sagte Olga, »hat sich ja die menschliche Gesellschaft grund-legend geändert, und solche Jagdformen wären heute in Europa aus Gründen des Tierschutzes gar nicht mehr erlaubt. Sag mal, bellst du eigentlich immer, wenn du hinter deinen kleinen grauen Flitzer-chen her bist?«

»Natürlich belle ich«, antwortete Maxi, »du glaubst ja gar nicht, wie auf-regend so etwas ist.«

»Natürlich ist das überhaupt nicht«, sagte Olga. »Wie gesagt, der Wolf bellt nicht, auch nicht beim Jagen. Das wäre ihm viel zu anstrengend. Außerdem jagt das Wolfsrudel immer im Sichtkontakt. Die beiden anderen Wildhunde, die im Rudel jagen, nämlich der Afrikanische Wildhund, der auch Hyänenhund heißt, und der Dekkan-Rothund aus Indien bellen beim Jagen ebenfalls nicht. Das Bellen wurde vom Züchter ›erfunden‹. Zum einen wurde es Wachhunden und Hütehunden angezüchtet. Zum anderen müssen alle Jagdhundrassen bellen, die das Wild im unübersichtlichen Busch oder Wald verfolgen, sodass der Jäger dem ›spurlauten‹ Hund nur zu folgen braucht. Da gibt es Spezialisten wie die **Laikas** aus Russland oder die **Wolfs-spitze**, die auch großes wehrhaftes Wild wie Elche, Bären oder Wildschweinkeiler so lange verfolgen, verwirren und ablenken, bis der Jäger eingetroffen ist. Wenn der Hund das angeschossene Wild aber schon verendet auffindet, so kann er es ›tot verbellen‹, und der Jäger folgt seinem typischen Ruf. Oder aber der Jagdhund holt seinen Herrn ab und führt ihn zu dem Wild hin.«

»Nun ja«, meinte Maxi, »wir haben damals in Spanien diese Jagdmethode ein wenig abgewandelt. Wir wussten nämlich ganz genau, wo die Wilderer ihre Schlingen aufgestellt hatten, und haben diese regelmäßig kontrolliert. Beim Verspeisen des Schlingeninhalts haben wir allerdings keinen Laut von uns gegeben!«

»Du bist ja auch ein egoistischer Freibeuter und kein ausgebildeter Jagdhund«, sagte Olga. »Du erinnerst dich sicherlich an das Lieserl, den rotbraunen **Magyar-Vizsla** aus Ungarn, den der Jäger Klaus unlängst dabeihatte, als er unseren Prof besuchte.«

»Klar«, antwortete Maxi, »an das Lieserl kann ich mich

genauso gut erinnern wie an den seltsamen Hut, den der Jäger trug und der aussah wie eine auseinanderfallende Speckschwarte.«

»Die beiden bilden ein Superjagdteam«, sagte Olga, »denn das Lieserl geht jeden Tag die Kastenfallen ab, die ihr Herrchen zum Einfangen von Dachs, Fuchs und Marder aufgestellt hat. Sie führt dann den Jäger genau zu den Fallen, in denen sich was gefangen hat. Sie gehört übrigens wie die **Pointer**, die **Setter** und der italienische **Spinone** zu den Vorstehhunden, unter denen der **Deutsch Kurzhaar** als der älteste Vertreter gilt. Vorstehhunde heißen sie alle, weil sie vor dem entdeckten Wild mit angehobenem Vorderlauf wie zur Salzsäule erstarren. Nur die Rute bewegt sich. Diese Sprunghemmung auf

die Beute ist sicherlich schon sehr alt; die Geschichtsschreiber Xenophon und Plinius erwähnten sie schon im alten Griechenland. Damals galt das Verhalten als Fehler, denn den nur mit Pfeil und Bogen oder Lanze bewaffneten Jägern wäre es lieber gewesen, der Hund hätte gleich zugepackt. Heute meinen die Verhaltensforscher, dass möglicherweise durch die zu lange Inzucht bei den Vorstehhunden der letzte Teil des Beutefangs, das Zupacken nämlich, weggefallen ist. Dieses Fehlverhalten wurde dann erblich fixiert. Entsprechend wurden Vorstehhunde hauptsächlich zur Beizjagd mit dem Greifvogel oder zum Treiben in Fangnetze eingesetzt. Mit der Erfindung der Doppelflinte um 1750 änderte sich das. Denn ab dann brauchte man sich als Jäger nur langsam von hinten seinem vorstehenden Hund zu nähern und kam dann zu zwei Schüssen auf das aufgescheuchte Wild. Das brachte besonders schlaue Waidmänner auf die Idee, dieses Vorstehen noch zusätzlich zu trainieren.«

»Durch häufiges Pfötchengeben?«, witzelte Maxi.

»Weit gefehlt«, sagte Olga. »Man bastelte an das Brustgeschirr des Hundes einen sogenannten Pantograf. Das ist eigentlich ein Zeichengerät, das auch Storchschnabel genannt wird. Durch

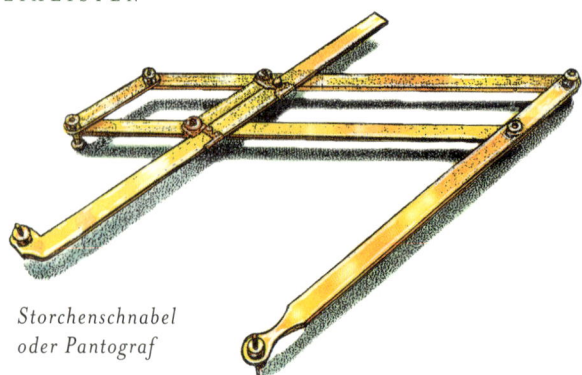

Storchenschnabel oder Pantograf

Zug an einer Leine ging dieses Gerät auseinander und zog dann den einen Vorderlauf in die Vorstehpositur. Viel gebracht scheint es aber nicht zu haben, denn heute ist dieses Gerät bei der Ausbildung von Jagdhunden total in Vergessenheit geraten. Dafür steht strikter Gehorsam auf dem Programm. Ein gut abgerichteter Vorstehhund darf den geschossenen Fasan nämlich erst auf den Befehl des Jägers apportieren. Als man im 16. Jahrhundert noch mit Pfeil und Bogen auf Wasservögel schoss, mussten die Hunde nicht nur Enten und Gänse aus dem Wasser holen, sondern auch die verschossenen Pfeile einsammeln. Dieses Apportieren können nur wir Hunde, selbst einem handaufgezogenen Wolf kann man es nicht beibringen. Als Vorfahre aller europäischen Wasserhunde gilt der französische **Barbet**, der auch den Fischern beim Einziehen der Netze half.«

»Igitt«, rief Maxi, »Wasser ist überhaupt nicht mein Element, da würde ich mich ja zu Tode frieren.«

»Deshalb haben alle Wasserhunde ein dichtes Unterfell, damit ihnen die Kälte nichts anhaben kann«, sagte Olga. »Übrigens war der **Pudel**, dessen Name sich vom deutschen ›Pfudel‹, das heißt Pfütze oder Pfuhl, herleitet, ein kräftiger Gebrauchshund für die Wasserarbeit, sowohl für die Jäger als auch für die Fischer. Damit ihn beim Schwimmen seine dichte Wolle nicht behindert, hat man ihn hinten ausgeschoren, und diese Schurtradition hat sich gehalten, obwohl er längst ein Liebhaberhund geworden ist und für Wasserarbeit nicht mehr eingesetzt wird. Er soll übrigens vom Barbet abstammen. Seine heute noch urtümlichste Form finden wir wohl noch am ehesten im norddeutschen **Schafpudel**. Aber wenn wir schon bei der Wasserjagd sind, so dürfen wir auf keinen Fall das **Kooikerhondje** vergessen. Dies ist eine alte niederländische Rasse, die man sehr gut von den Gemälden aus dem 16. Jahrhundert kennt. Sein Name leitet sich von speziellen Fallen ab, die man zur Entenjagd aufstellte. Dazu wurden Wassergräben an einem Ende übernetzt, oder es wurden dort große Käfigfallen aufgestellt. Darin schwammen Holzenten und zahme Lockenten. Wenn dann so ein kleines Kooikerhondje am Ufer umherwuselte, nahmen es die Wildenten nicht ernst.

Aber neugierig, wie Entenvögel nun einmal sind, ließen sie sich von ihm ablenken und zu den zahmen Verwandten hintreiben. Prompt waren sie in der Falle. Heute wird diese elegante Methode übrigens noch angewandt, wenn die Ornithologen Wildenten zur Beringung einfangen wollen.«

»Liebe Olga«, meinte Maxi, »jetzt hören wir aber mal auf mit dem Reden über Wasser, ich bin nämlich wasserscheu, wie du weißt. Ich brauche festen Boden unter den Pfoten. In Spanien gab es zwei Hunde, mit denen ich perfekt zusammengearbeitet habe. Der eine war ein Dackelmischling, der andere ein Jagdterrier. Was glaubst du, was da los war, wenn sich die grauen Flitzer in eine Erdhöhle geflüchtet hatten, in die einer von meinen beiden Freunden hineinpasste. Oft waren es aufgelassene Fuchs- oder Dachsbauten, und es war eine Freude, wie schnell dann die Karnickel aus den Höhlen schossen und wir nur zuzupacken brauchten.«

»Na, hoffentlich habt ihr die Beute dann auch gerecht geteilt«, meinte Olga. »Daran sieht man übrigens, dass du kein echter Jagdhund bist. Als solcher wärst du nämlich ›abgerichtet‹, also erzogen worden, wie das die Jäger nennen. Und du hättest dich nicht über die Beute hergemacht.«

Käsewürfel und Kieselsteine
Wie man Hunden das Betteln bei Tisch abgewöhnt

Mit Erziehung habe ich nicht viel Erfahrung«, sagte Maxi. »In Spanien bin ich ja völlig frei aufgewachsen. Meinem Hippie-Besitzer war es damals ziemlich wurscht, was ich machte und ob ich ihm gehorchte. Hier beim Prof habe ich eine ganze Zeit gebraucht, um zu kapieren, was er von mir wollte. Sitz, Platz und Pfote geben waren da ja noch die leichteren Übungen.«

»Das Pfotegeben ist uns ohnehin angeboren«, sagte Olga. »Es leitet sich vom Milchtritt ab, mit dem wir als Welpen die mütterliche Milchleiste anregen.«

»Viel schwieriger«, meinte Maxi, »ist da schon das Abliegen beziehungsweise Liegen-bleiben-Müssen, während der Prof sich entfernt. Vor allem, wenn er einem dabei den Rücken zukehrt und man erst auf Pfiff und Handzeichen losstürmen darf. Aber am schwierigsten ist sein Käsetrick: Wenn man starr und steif wie eine Sphinx liegen bleiben muss und einem zugleich die beiden Vorderpfoten mit einem teuflisch gut riechenden Stückchen Käse garniert werden. Dann ist es wahnsinnig schwer, sich zu beherrschen. Am Anfang habe ich die Pfoten immer weggezogen und mir den Käse sofort geschnappt. Aber der Prof hat mit einer schieren Engelsgeduld und mit einem lang gezogenen ›Neeiiiin!‹ meine Pfoten wieder erneut mit Käse garniert. Erst auf sein Kommando ›Jetzt!‹ mit einem Fingerzeig auf die jeweilige Pfote darf man sich die Belohnung dann einverleiben. Und der Gipfel an Zumutung ist dann das dritte Käsestück, das er einem auf die Nase legt. Du darfst den Kopf nicht bewegen, während dir seitlich der Speichel von den Lefzen trieft. Besonders lobt er mich, wenn ich auf sein Kommando hin das Käsestückchen hochwerfe und noch in der Luft schnappe. Dabei gibt er mir dann immer so einen komischen Namen.«

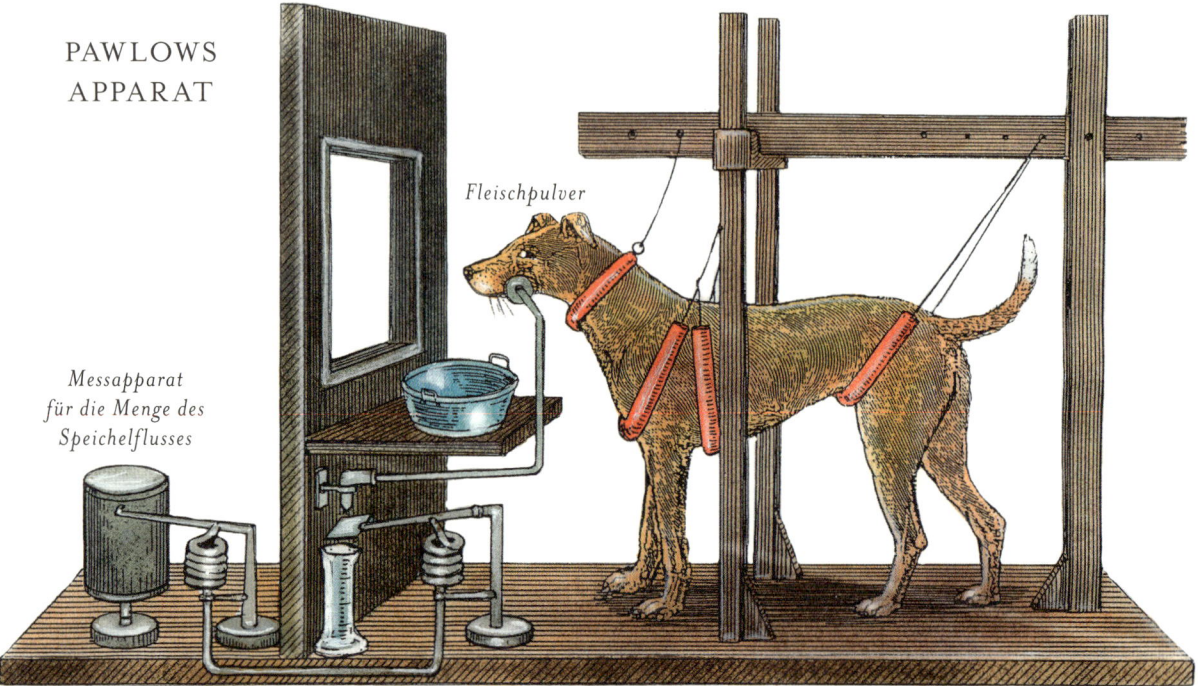

PAWLOWS
APPARAT

Fleischpulver

*Messapparat
für die Menge des
Speichelflusses*

»Ach, du meinst Pawlow«, sagte Olga. »Das war ein russischer Forscher, der zum ersten Mal jenen Reflex beschrieben hat, dass uns Hunden das Wasser im Maul zusammenläuft, wenn wir wissen, dass ein Leckerbissen unmittelbar bevorsteht. Mir ist es dabei übrigens auch nicht anders gegangen als dir«, gab Olga zu. »Und es ist immer wieder ein sehr spannendes Spielchen, das der Prof da mit uns treibt, zumal wir

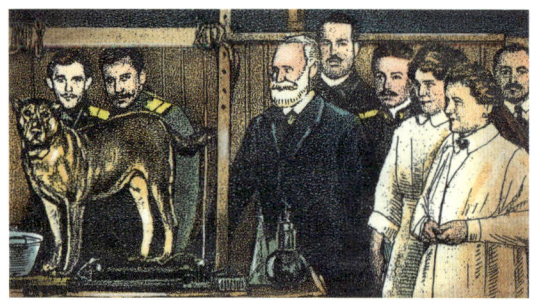

doch alle drei unseren Spaß dran haben. Außerdem hat er dir auf diese Weise das leidige Betteln am Tisch abgewöhnt. Für alle Leckerbissen auf dem Tisch gilt ja für uns das absolute Nein, auch wenn wir allein im Esszimmer sind und es vom Tisch noch so verführerisch herüberduftet.«

»Aber zu einem solchen Entenjagd-Theater, wie du es vom Kooikerhondje beschreibst, hätte ich mich nie erziehen lassen«, stellte Maxi fest.

»Dazu wärst du Zappelphilipp auch gar nicht geeignet«, erklärte Olga trocken. »Aber eines muss ganz klar festgehalten werden: Nur mit Schmusen und Streicheleinheiten kann man keinen Hund, schon gar keinen von den großen

Rassen, erziehen. Ein Wachhund, der sich nicht diszipliniert unterordnet, kann für den Menschen sehr gefährlich werden. In der Regel beginnen die ersten Erziehungsmaßnahmen von der 7. bis 8., bei größeren Rassen in der 12. Lebenswoche. Nach dem Zahnwechsel, also circa im 5. bis 6. Monat, muss sich dann ein großer Wach- oder Hütehund der Dominanz des Ausbilders voll unterordnen. Schlecht erzogene große Hunde können nicht nur Kindern gegenüber gefährlich werden. Kleine Schoßhunde können sich gerade in der Hand von älteren Damen zu wahren Haustyrannen entwickeln, wenn dem Frauchen Führungsqualitäten fehlen.«

»Da habe ich mal eine sehr seltsame Erziehungsmethode gesehen«, meinte Maxi. »Ein junger Schäferhund bei uns am Strand trug so ein komisches Halsband, und immer wenn er auf Zuruf nicht gehorchte, drückte sein Chef auf den Knopf eines kleinen Handgerätes, und der arme Kerl bekam einen elektrischen Schock.«

»Das ist ein Teletacgerät«, sagte Olga, »das bei vernünftigem Einsatz nicht wehtut, man erschrickt bloß. Mein Ausbilder tat etwas Ähnliches: Er konnte sehr gezielt ein Kettenhalsband werfen. Das tat nicht weh, aber man erschrak und wusste gleich, was er wollte. Wenn es an der Wohnungstür klingelte und er nicht wollte, dass ich bellend an die Tür rannte, flog mir eine mit ein paar Kieselsteinen gefüllte weiche Plastikflasche hinterher, die fürchterlich rasselte. Die Wurfkette und die Plastikflasche kamen immer wie aus heiterem Himmel angeflogen, denn ich habe nie gesehen, wie er geworfen hat.«

»Klar, so was tut nicht weh«, meinte Maxi. »Wir Hunde sind zwar empfindsam, aber nicht empfindlich!«

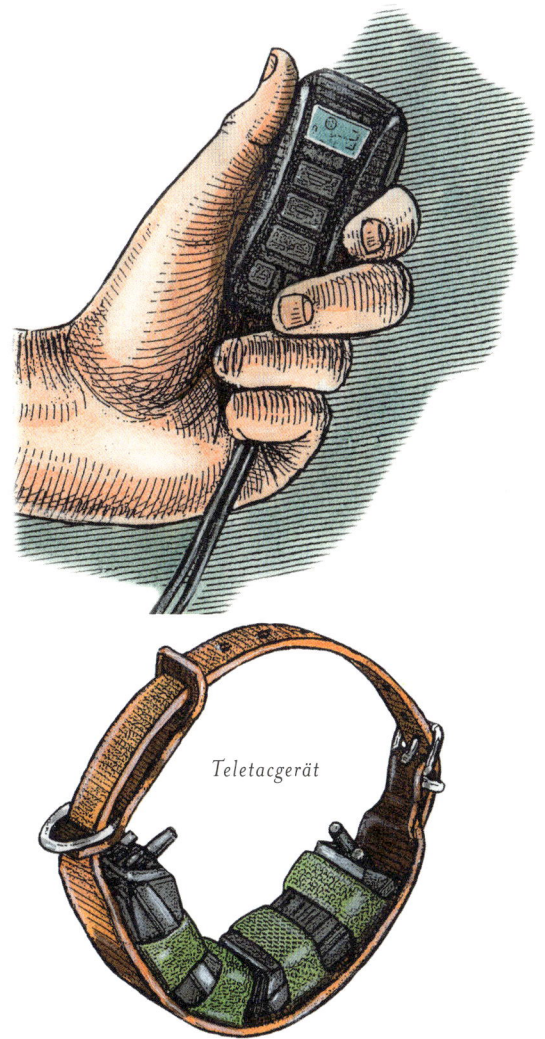

Teletacgerät

Gestatten, mein Name ist Jack Russell

Namen erzählen mehr, als man denkt

Mir geht der Name dieser holländischen Hunderasse, die nach einer Entenfalle benannt ist, nicht aus dem Kopf«, sagte Maxi. »Ich finde, Kooikerhondje klingt lustig.«

»Bei der Namensgebung der Hunderassen«, erklärte Olga, »waren der Fantasie der Züchter keine Grenzen gesetzt. So stammt meine Rasse aus der Gegend des Großen Sankt-Bernhard-Passes in der Schweiz, und wir sollen von Militärhunden abstammen, welche römische Legionäre dorthin mitgebracht haben. Und der **Border Collie** wurde an der Grenze (engl.: border) zwischen England und Schottland gezüchtet. Im Tal (engl.: dale) des mittelenglischen Flusses Aire wurde der **Airedaleterrier** gezüchtet. In dem Begriff Terrier steckt das lateinische Wort terra = Erde. Und der **Cockerspaniel** verdankt seinen Namen als alter Wachtel- und Schnepfenstöberer der Waldschnepfe (engl.: woodcock). Da gibt es ferner den **Australian Kelpie**, wobei Kelpie der Name eines alten gälischen Wassergeistes ist, der im Süden Englands heimisch war. Die Kel-

pies sind übrigens ausgesprochen clever und kürzen einen längeren Umweg um eine vollgepferchte Schafkoppel dadurch ab, dass sie mir nichts dir nichts über die Schafbuckel huschen, um auf der anderen Seite des Pferchs für Ordnung zu sorgen.

Auch in Deutschland nannte man Hunde früher gerne nach Wassergeistern und rief sie ›Strom‹, ›Rin‹ oder ›Donau‹. Das sollte den Namensträgern beim Einsatz jegliche Wasserscheu nehmen. Oder man griff gar auf altgermanische Götternamen wie Wotan, Odin oder Thor zurück, um nationale Stärke zu demonstrieren und um Hunde, die ja eigentlich keine Nationalität haben, zu germanisieren.«

»Womit wir wieder beim Aberglauben und ›Griechisch Weiß‹ gelandet sind«, sagte Maxi. »Dazu fällt mir ein seltsamer Hundename ein … In meinem letzten Sommer in Spanien kam uns manchmal ein Touristenhund, ein großer Zottiger mit einem runden Kopf, cremefarbig mit schwarzen Ohren und schwarzen Flecken unter den Augen, am Strand besuchen. Immer wenn wir mit diesem Tollpatsch am Spielen waren, rief dann oben vom Auto aus sein Chef mit dunkler Stimme seinen Namen: ›Berkommär!‹ Sagt dir dieser Name etwas?«

»So wie du ihn beschreibst, war das vermutlich ein **Pyrenäen-Berghund**. Die haben einen bärenähnlich gewölbten Schädel«, meinte Olga. »Vermutlich war sein Herrchen ein Deutscher, der einfach gerufen hat: ›Bär, komm her!‹ Es gibt nämlich einige Rassen, die man

bewusst auf Bärenköpfigkeit gezüchtet hat, vor allem bei den nordischen Rassen. Ihr Aussehen sollte wohl die Kraft und die Stärke des Bären symbolisieren. Manche Forscher meinen, dass der alte Bärenkult der Steinzeitmenschen in engem Zusammenhang damit steht und diese Hunde später die Bärenrolle übernommen haben.

Und in Frankreich hat ein Höhlenforscher in der Grotte von Chauvet auf Steinen ruhende Bärenschädel gefunden, die wohl im Rahmen des Bärenkultes zur Schau aufgestellt waren. Auf dem Höhlenboden fanden sich Fußspuren eines Jungbären, eines Kindes und angeblich eines Wolfs. Aufgrund der Stellung der Ballen des zweiten und dritten Zehs kam ein Fachmann zu dem Schluss, dass es sich hier eindeutig um Hundespuren handeln müsse. Da hat also ein Kind mit seinem Hund vor 24 000 Jahren einen Bären in seiner Höhle besucht. Der Höhlenforscher sieht diese Spuren nun als ältesten Beweis für die Domestikation des Hundes!«

»Nun ja«, meinte Maxi, »nur am Trittsiegel zwischen Wolf und Hund zu unterscheiden, das würde ich mir nicht zutrauen, obwohl ich mich in Spuren eigentlich sehr gut auskenne. Wenn's nicht so lange her wäre, könnten wir ja da mal vorbeigehen und an den Spuren riechen, um sagen zu können, ob diese Theorie denn stimmt.«

»Noch mal zurück zur Herkunft der Hunderassennamen«, fuhr Olga fort. »Im norwegischen **Buhund** steckt das Wörtchen bu = Hof, Vieh. Und **Hovavard** bedeutet im Mittelhochdeutschen Wächter des Hofes. Beim **Spinone Italiano** diskutiert man zwei Deutungen, da spino auf Italienisch Dornstrauch bedeutet. Damit kann das rauhaarige Fell gemeint sein, aber auch die dornige und stachlige Macchia, in der er als Vorstehhund arbeitet. In den **Pinschern** steckt das englische Wort to pinch = zwicken, kneifen, was zu dieser gerne als Rattenbeißer eingesetzten Rasse natürlich bestens passt. Schon seit dem Mittelalter war die Stadt Rott-

weil in Süddeutschland ein wichtiger Umschlagplatz für Vieh, und dort entstand der bullige **Rottweiler**. Ein guter **Pointer** vermag Feldhühner bis auf 500 Meter Entfernung zu entdecken und weist seinen Jäger durch sein Verhalten darauf hin (engl.: to point = hinweisen). Er scheucht die Vögel aber erst auf, wenn der Jäger nahe genug heran ist. Der **Briard** oder **Berger de Brie** bewacht das Milchvieh, das den guten Briekäse liefert, und der **Gordonsetter** verdankt seinen Namen dem schottischen Duke of Richmond and Gordon.«

»Da hat sich dieser Graf Gordon ja ein schönes lebendes Denkmal gesetzt«, meinte Maxi. »Einer meiner Kumpels in Bolonia war übrigens so ein Rattenbeißer, und zwar ein **Bodeguero de Jerez**.«

»Davon hab ich noch nie gehört«, wunderte sich Tante Olga.

»Ist aber eine echte spanische Rasse!«, führte

Maxi weiter aus. Er war stolz, weil er mal mehr wusste als die kluge Bernhardinerhündin. »Die müssen die Ratten und Mäuse in den großen spanischen Weinkellereien, den Bodegas, kurz halten. Er hatte damals einen Superjob in einer der größten Sherry-Kellereien des Landes und war beliebt für seine exakte Arbeit. Aber dann hat er leider auf ganz dämliche Weise seinen Job verloren …«

»Wie kam denn das?«, fragte Olga neugierig.

»Es war wirklich saublöd«, erzählte Maxi weiter. »Es kam ein Kellermeister auf die Idee, den Besuchern der Kellerei zu zeigen, wie gut und süß sein Sherrywein schmeckt. Dazu bastelte er eine kleine Holzleiter, die er an ein Sherryglas lehnte, und ließ die Mäuslein darauf hochsteigen, um von dem süßen Saft zu trinken. Das klappte bestens, bis eines Tages Bruno – so heißt mein Kumpel –, der eigentlich eine andere Kellerhalle zu betreuen hatte, zufällig vorbeikam und wie eine Rakete dazwischenfuhr. Zwar waren die beiden Mäuseriche schneller und konnten entwischen, aber Gläser und Leiter waren entzwei. Das war das Ende seiner Sherrykeller-Karriere. Jetzt bewacht er die Fischernetze, damit die Ratten und Mäuse sie nicht zerlöchern.«

»Der Fehler lag beim Kellermeister und nicht bei Bruno«, meinte Olga. »Er hätte Bruno doch ganz leicht beibringen können, dass die Touri-Mäuse nicht in sein Beuteschema gehören. Ich kenne einen **Jack Russell Terrier**, der lammfromm mit einem Meerschweinchen zusammen die Liebe seiner Besitzerin teilt. Auch diese Rattenbeißer-Rasse ist nach ihrem Züchter, einem englischen Pfarrer, benannt. Womit wir wieder ein schönes Beispiel für die züchterische Eitelkeit hätten, von der auch die hohe Geistlichkeit befallen sein kann.

Ein weiteres Beispiel dafür ist der **Dobermann**. Sein Züchter war der Steuereintreiber, Hundefänger und Abdecker Friedrich Luis Dobermann aus Thüringen, wo er ihn um 1860 gezüchtet hat. Das Geheimnis, welche Rassen und Familienlinien er dazu eingesetzt hat, nahm er mit ins Grab.

Edle und teure Hunde waren schon immer wichtige Begleiter hochgestellter Persönlichkeiten. So nahmen in der Hierarchie der Beduinen ihre Windhunde, die **Sloughis**, die Position eines hochgestellten Familienmitglieds ein. Sie waren so viel wert wie erlesene Pferde oder Rennkamele und sollen sogar über den Frauen gestanden haben. Auf dem verbotenen Export von afghanischen Wildhunden stand ebenso die Todesstrafe wie auf dem Schmuggel des kaiserlichen Palasthundes in Peking, dem **Pekinesen**. Beide Rassen kamen erst relativ spät nach Europa. Den **Afghanen** hat ein britischer Kolonialoffizier 1890 nach England geschmuggelt. Nach Deutschland kam er aber erst um 1930. Der Großherzog Karl August, ein Freund und Bewunderer von Johann Wolfgang von Goethe, züchtete an seinemHof in Weimar Mitte des 18. Jahrhunderts den >aristokratischen<

Vorstehhund. Er gilt als >Meißner Porzellan< unter den Vorstehhunden. Es gibt den **Weimaraner** übrigens auch vereinzelt als langhaarige Variante. Friedrich der Große ist ohne seine **Italienischen Windspiele**, die er selber züchtete, nicht zu denken. Unter dem Reichskanzler Bismarck wurde die **Deutsche Dogge** als >Reichshund< weltberühmt und erzielt noch heute im Ausland extrem hohe Preise. Geschichtlich gesehen schlechter abgeschnitten hat leider der **Deutsche Schäferhund**, der in der unseligen Zeit des Nationalsozialismus in Deutschland sehr beliebt war und einen politisch etwas bräunlichen Anstrich verpasst bekam. Dazu brauchte man die patriotisch angehauchte Zuchtbeschreibung seines Züchters, des Rittmeisters Max von Stephanitz, der

das Rassebild Ende des 19. Jahrhunderts schuf, nicht sonderlich zu verändern. So bekam der Deutsche Schäferhund vor allem im Ausland einen Beigeschmack, den er nicht verdient hat. Übrigens ist man sich heute einig, dass der Deutsche Schäferhund nicht von Hirten- und Hütehunden abstammt, sondern dass in ihm verschiedene Jagdhundrassen vertreten sind.«

»Von Politik verstehe ich nichts«, sagte Maxi, »aber der eine ›alemán‹, wie wir ihn nannten, war ein prima Kumpel.«

»Alle von uns verstehen nichts von Politik, und trotzdem hat sie manchem von uns das Leben gekostet«, erwiderte Olga. »Manchmal standen ihretwegen sogar Rassen vor dem Aussterben!«

»Wie ging das denn?«, fragte Maxi neugierig.

»Meistens rächten sich aufgebrachte Massen nach Kriegen und Revolutionen am Statussymbol der Mächtigen«, erklärte Olga. »Entweder wurden ihre Hunde gleich totgeschlagen, oder es wurde ihre Zucht verboten. Nach der Französischen Revolution ging's den **Papillons** und den **Phalènes** an den Kragen, weil sie die Lieblingshunde der aristokratischen Damen gewesen waren. Als der letzte Zar und seine Familie im Zug der russischen Oktoberrevolution

ermordet wurden, rächte sich der Mob landesweit am **Barsoi**, und die Zucht des kleinen **Havaneser** wurde vom kubanischen Revolutionsführer Fidel Castro verboten.«

»Schade, dass ich von Politik so wenig verstehe«, räumte Maxi ein. »Die Zucht von diesen Rassehunden scheint ja viel damit zu tun zu haben ...«

»Na ja«, meinte Olga, »einige Beispiele habe ich ja schon genannt. Außerdem gibt es dazu ein paar verrückte Geschichten aus dem zuchtwütigen England. Wenn man sich etwa auf ein einzelnes Merkmal konzentriert und es konsequent fördert, wird es irgendwann einmal erbfest – und schon ist eine neue Rasse entstanden. Jedenfalls wenn der Hundezuchtverband die richtige Politik

Norfolkterrier

Norwichterrier

praktisch nur durch seine Hängeohren unterscheidet. Diese Namen passen übrigens ganz gut, wenn wir die in Ruhestellung hochgeklappten Flügel des Schmetterlings mit den flach auf dem Körper ruhenden Flügeln des Nachtfalters vergleichen.

Und einen ähnlich minimalen Unterschied gibt es bei den Lieblingsrassen des britischen Königshauses, wo der **Welsh Corgi Cardigan** eine mittellange und der **Welsh Corgi Pembroke** nur eine sehr kurze Rute hat. Bis heute werden beide in ihrer Heimat als flinke Viehtreiber verwendet, die störrische Rinder oder Schafe schnell auf Trab bringen. Dem Pembroke wird dazu noch ein sanfteres Gemüt als seinem Kollegen mit dem mittellangen Schwanz nachgesagt.«

»Puh, das waren jetzt aber ganz schön viele Beispiele, liebe Olga«, wandte Maxi ein. »Viele dieser Hunderassen, die du erwähnt hast, habe ich noch nie gesehen. Wie wär's, wenn wir uns wieder über Hundeangelegenheiten unterhalten, von denen ich ein bisschen mehr verstehe?«

»Können wir gerne«, meinte Olga, »aber erst brauche ich einen Schluck zu trinken.« Schwerfällig richtete sie sich auf, und als sie um die Ecke des Bücherregals zum Wassernapf tapste, war wieder ihr tiefes beleidigtes Knurren zu hören.

betreibt. Schauen wir uns mal den **Norfolkterrier** und den **Norwichterrier** an. Norwich ist die Hauptstadt einer ostenglischen Grafschaft, die Norfolk heißt. Die kleinen, nur fünf Kilo schweren Kerlchen, die als scharfe Rattenjäger nach wie vor beliebt sind, sind in ihrem Erscheinungsbild fast spiegelidentisch. Als sie 1965 in zwei eigene Rassen abgetrennt wurden, gab es nur ein einziges Unterscheidungsmerkmal: Der Norwich hat Stehohren, der Norfolk Hängeohren. Etwas Ähnliches gab es in Frankreich bereits zur Renaissancezeit. Denn der **Papillon** (franz.: Schmetterling), hat Stehohren, während sich der seltene **Phalène** (franz.: Nachtfalter) von ihm

Die Geisterseher

Haben Hunde übersinnliche Fähigkeiten?

Kaum dass Olga zurück war vom Wassernapf, nahm Maxi das Gespräch wieder auf. »Hat den Menschen denn das ›Griechische Weiß‹, über das wir gesprochen haben, gegen irgendwelche Krankheiten geholfen?«

»Natürlich nicht«, brummte Olga und leckte sich über die noch nassen Lefzen. »Reiner Aberglaube! Weißer Hundekot besteht hauptsächlich aus Calcium. Seinen Tagesbedarf daran deckt der Mensch, wenn er 0,7 Liter Milch trinkt. Aber der Aberglaube früherer Zeiten treibt noch heute die seltsamsten Blüten. Bis in die Neuzeit hinein waren wir in der Tat die reinsten wandelnden Apotheken; so hat uns der alte Brehm einmal spöttisch bezeichnet. Unser Fleisch und Fett sollte gegen die Tuberkulose helfen. Unsere Galle wurde gegen Epilepsie und Frostbeulen verordnet. Als Liebeszauber, bei Quetschungen und Wunden wurde unser Fett eingesetzt, und unsere zerpulverten Knochen sollten Ödeme ausschwemmen. Zum Schutz gegen die Tollwut trug man den Zahn eines schwarzen Hundes um den Hals, oder man verspeiste unsere Leber und unsere Herzen. Zum allgemeinen Schutz vor Krankheiten kam ein bisschen Hundeblut in die Anstrichfarbe des Hauses.«

»War das nur in Europa so?«, wollte Maxi wissen.

»Natürlich nicht«, entgegnete Olga. »Die alten Azteken haben das Fett des **Xoloitzcuintle** als Rheumasalbe genommen. Vermutlich weil er eine etwas höhere Körpertemperatur hat als wir anderen Hunde. Deshalb ist er auch bis heute als selten bellender Bettwärmer beliebt.«

»Von wem bitte redest du?«, fragte Maxi erstaunt.

»Vom **Mexikanischen Nackthund**. In seinem Namen steckt der hundsköpfige Azteken-Gott Xolotl. Er geleitete dort die Seelen ins Jenseits. Wie dein

Anubis in Ägypten! In Mexiko hat man eine Figur aus dem Jahr 3700 v. Chr. gefunden, die diesen Hund namens ›Scholoietzkwintli‹ darstellt.«

»Den Namen Anubis konnte ich mir leichter merken«, gab Maxi zu.

»Und stell dir vor«, fuhr Olga fort, »von diesen abergläubischen Vorstellungen hat sich in manchen Züchterkreisen noch bis heute hartnäckig der Irrglaube erhalten, dass man eine rassereine Hündin aus der Zucht ausschließt, wenn sie einmal von einem Mischlingsrüden gedeckt wurde.«

»Wer kommt denn auf so einen Blödsinn?«, fragte Maxi.

»Da gibt es doch die verrücktesten Geschichten, die diesen Aberglauben untermauern sollen«, sagte Olga. »Angeblich hat ein bekannter Hundezüchter mal ein Zebroid gesehen. Das ist eine Mischung aus Pferd und Zebra und teilweise gestreift. Danach wurde die Mutterstute dieses Zebroids von einem Pferdehengst gedeckt, und das Fohlen hatte schmale Querstreifen über den Gelenken. Daraus schloss der kluge Züchter, dass diese natürlich nur vom Zebrahengst stammen können.«

»Er glaubte demnach, die Zebrastreifung habe sich irgendwie in der Pferdestute gehalten?«, fragte Maxi ungläubig.

»Genau das«, erwiderte Olga. »Deswegen hat er jede ›fehlgedeckte‹ Hündin von da an aus seiner Rassezucht verbannt. Was er freilich nicht wusste, ist, dass es sich bei solchen Gelenkstreifen um einen klassischen Fall von Atavismus handelt. Du erinnerst dich an den Inzucht-Dingo? Ebensolche Streifen haben auch die Przewalski-Urwildpferde, die Dülmener Pferde und die Polnischen Koniks. So viel zur Rasseeinheit! Das ist genauso dumm, wie wenn man heute noch glauben würde, dass wir Hunde tollwütig werden, wenn wir Lerchen fressen, die der Frühlingssturm gepackt hat. Oder dass wir nicht in den Backofen schauen dürfen, sonst bekämen wir feurige Augen und würden Geister anziehen. Genauso hat man früher geglaubt, dass die vieräugigen oder doppeläugigen Hunde, das sind die mit zwei weißen Flecken über den Augen, besonders gut gegen Geister schützen. Unser Gebell sollte früher die Dämonen verscheuchen, weshalb man die größte Kirchenglocke auch ›großer Hund‹ genannt hat. Wenn man einem Jagdhund ein Katzenherz verfütterte, glaubte man, dass er dann stets bei seinem Herrn bleibt. Und zum Scharfmachen bekamen unsere Vorfahren am Weihnachtsabend drei Bissen Katzenherz mit Knoblauch, Salz und weißen Zwiebeln verordnet. Allerdings steckt in all diesem Aberglauben manchmal doch ein Körnchen Wahrheit. Aufgrund unseres guten Spürsinns, unserer feinen Witterung und der Empfindlichkeit gegen Erdbeben oder Wetterumschwünge hielt sich bei allen indogermanischen Völkern der Glaube, wir könnten zukünftige Ereignisse vorher anzeigen.«

»Na ja«, sagte Maxi, »für Erdbeben und Wetterumschwünge trifft das zum Teil sicherlich zu, denn Gewitter und Stürme spüren wir beide ja schon eine Stunde vorher, obwohl noch kein Wölkchen am Himmel zu sehen ist.«

»Das Gleiche gilt auch für die Riesenwellen, die Tsunamis, die durch ein Seebeben ausgelöst werden und die Hunde und viele andere Tiere schon Stunden vorher spüren«, fügte Olga hinzu. »Bevor die Riesenwellen den ahnungslosen Menschen überraschen, können wir uns rechtzeitig in Sicherheit bringen. Der unaufgeklärte Mensch schließt daraus, dass wir eben die dämonischen Naturgeister schon vorher gesehen hätten.«

»Bei uns im Dorf gab es einen blinden alten Mann, der ließ sich immer von seinem Hund führen«, erzählte Maxi, »und dieser Hund war dabei so vorsichtig, dass die Leute im Dorf sagten, er könne Geister sehen.«

»Gut trainierte Blindenhunde leisten in der Tat Außergewöhnliches«, pflichtete Olga bei. »Die Ausbildung dauert etwa acht Monate und die Hunde werden zu Beginn der 13. Lebenswoche ins Training genommen. Fängt man erst in der 15. Lebenswoche an, schaffen etwa 30 Prozent der Hunde das Prüfungsziel nicht. Blindenhunde müssen eine erstaunliche Disziplin haben: Sie dürfen nicht rumschnuppern, ihr Revier nicht mit Urin markieren oder auf andere Hunde zulaufen. Durch Schub oder Zug am Geschirr zeigen sie Hindernisse an, umgehen Löcher, warnen vor Bordsteinkanten. Selbst bei stundenlangen Bergwanderungen können sich die Blinden quasi ›blind‹ auf diese Hunde verlassen.«

»Kein Wunder also, dass Menschen manchmal glauben, wir Hunde könnten tatsächlich Übersinnliches leisten«, folgerte Maxi.

Immer der Nase nach
Hunde können wahre Schätze erschnuppern

Mit dem Blindenhund hast du ja einen besonderen Spezialisten unserer Art angesprochen, der auf seinem Gebiet so ziemlich unersetzlich ist«, sagte Maxi. »Gibt es auch noch etwas, was wir Hunde sensationell gut können und was uns für den Menschen wichtig macht?«

»Aber klar«, meinte Olga. »Du musst nur an unser vielseitigstes und für uns selber wichtigstes Organ denken, an unsere Nase. Das zeigt ein Vergleich des Riechfelds, das im oberen Bereich der Nasenmuscheln liegt. Beim Menschen beträgt die Fläche circa 5 Quadratzentimeter, beim Deutschen Schäferhund etwa 160 Quadratzentimeter!

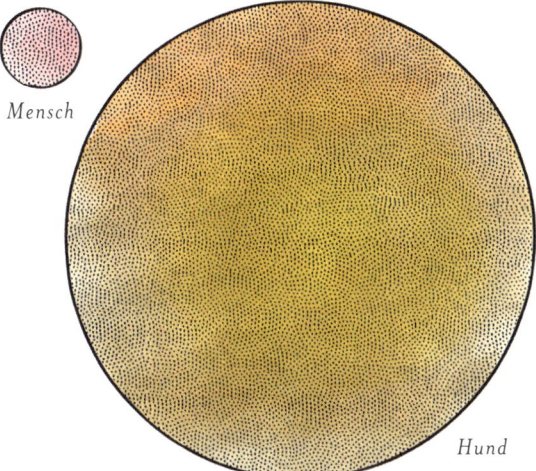

Mensch

Hund

Größenvergleich Riechfeld Hund und Mensch

Und unsere Riechschleimhaut ist 0,1 Millimeter dick, beim Menschen nur klägliche 0,006 Millimeter. Bei uns ist sie mit circa 220 Millionen Sinneszellen besetzt. Dagegen ist die Menschennase mit nur 5 Millionen solcher Zellen ein armseliges Riechelchen. Kein Wunder also, wenn wir zum Beispiel den Geruch von Essigsäure noch in einer 100-millionenfach verdünnten Lösung wahrnehmen können.

Die wenigsten Menschen wissen, dass wir ihren Hand- und Achselschweiß eindeutig unterscheiden können. Oft wissen sie auch nicht, wie wichtig uns das gegenseitige Beschnüffeln in der Analregion ist. Denn dort sitzen um den After herum die Circumanaldrüsen und die Öffnungen der Analdrüsen. Das individuelle Geruchsmuster dort ist gleichsam unsere Visitenkarte. Wenn wir Angst haben, klemmen wir unseren Schwanz ein, weil wir dann sozusagen verschwinden wollen, indem wir unsere Drüsendüfte verdecken. Gerade so, wie ein Kind sich die Hand vor die Augen hält in der Hoffnung, man werde es dann nicht sehen. Nur der **Whippet** macht eine Ausnahme. Er trägt seinen Schwanz immer eingeklemmt. Eine weitere Ausnahme macht beim Duften noch der Fuchs. Der trägt nämlich in Höhe des siebten Schwanzwirbels auf der

Schwanzoberseite eine zusätzliche Duft-
drüse. Man nennt sie ›Viole‹. Manchmal kommt sie auch bei uns Hunden vor
und neigt zu Entzündungen.«

»Lass mich raten«, meinte Maxi,
»das ist sicher wieder so ein Gruß vom
Urahn.«

»Richtig«, bestätigte Olga, »wieder
ein Fall von Atavismus.«

»Auf meine Nase bin ich wirklich
stolz«, warf Maxi nun ein. »Ich kann
sogar die Fährte eines Hasen von der
eines Kaninchens unterscheiden.«

»Klar, Kaninchen sind eben dein
Spezialgebiet«, erwiderte Olga. »Und
bei den wirklichen Fährtenspezialisten,
wie etwa dem **Bluthund**, schätzt der
Jäger, dass diese auf einem vielbegan-
genen Wildwechsel nur der frischesten
Fährte folgen. Wenn das Wild nach dem
Schuss flüchtet, sucht der Bluthund
nicht etwa irgendwelche Blutstropfen.

Vielmehr finden sich bei vielen Tieren
an den Sohlenballen, am Hufpolster
und zwischen den Klauen Schweiß- oder
Duftdrüsen. Diese sondern stets feinste
Mengen an Duftstoffen ab, sogenannte
Pheromone, die der Reviermarkierung
und dem gegenseitigen Erkennen untereinander dienen. Wenn nun ein Wild
flüchten muss, ändert sich die Zusam-
mensetzung des Drüsensekretes, weil
durch den Stress mehr Pheromone aus-
geschüttet werden. Und dieser äußerst
feinen Duftspur folgt der Bluthund, als
würde er auf einer Schiene gezogen.«

»Können sie das von Natur aus, oder
müssen sie das lernen?«, fragte Maxi.

»Die gute Spürnase haben wir von
Natur aus«, antwortete Olga. »Damit
können wir natürlich alles Mögliche
gut riechen. Aber man muss uns schon
auf den Geruch trainieren, auf den wir
besonders achten sollen. Man nennt das
Konditionieren. Das geht genauso gut
auf Drogen oder Sprengstoffe. In den
letzten Jahren ist noch eine ganz neue
Aufgabe dazugekommen. Unsere Nasen
können nämlich im Labor in Speichel-
oder Urinproben von Menschen Tumor-
zellen riechen, selbst wenn der Krebs
noch keine Beschwerden macht und sich
im Test noch nicht nachweisen lässt. Je
früher Krebs erkannt wird, desto besser
sind die Heilungschancen.«

»Im Labor täte ich mich sicher auch leichter«, stellte Maxi fest. »Da kommt einem schließlich kein Kaninchen in die Quere.«

»Gute Superschnüffler dürfen sich durch nichts irritieren lassen«, erwiderte Olga. »Das muss ja auch in freier Wildbahn klappen. Zum Beispiel bei der Trüffelsuche. Dazu werden in Frankreich auch Schweine eingesetzt, weil der Duftstoff des Trüffels chemisch ähnlich aufgebaut ist wie der Geruchsstoff des Ebers. Wir Hunde sind beim Suchen dieser kostbaren Knollen, die unter der Erde liegen, den Schweinen insofern überlegen, als uns das Pilzzeug nicht schmeckt. Das Schwein sieht darin einen Leckerbissen. Die graben natürlich bei der Suche mit ihrem kräftigen Rüssel den ganzen Boden um und beschädigen

das feine Wurzelwerk des Pilzes, sodass da so schnell nichts nachwachsen kann. Deswegen setzt man für die Trüffelsuche in Italien nur noch Hunde ein, speziell die Lagotto, die allerdings gefährlich leben. Weil dieser kostbare Pilz ja von Feinschmeckern mit Gold aufgewogen wird, müssen die Besitzer von Trüffelhunden höllisch aufpassen. Manchmal streut ein neidischer und böser Trüffeljäger heimlich Gift aus, um selber dann mit seinem Hund die Ernte einfahren und sich eine goldene Nase verdienen zu können. Deshalb werden die Lagotto auch streng dazu erzogen, draußen in Wald und Feld keinen noch so verlockend riechenden Leckerbissen aufzunehmen.«

»Dann sind die Trüffelschnüffler, die sogar unter der Erde Verborgenes aufspüren können, also die Nummer eins unter den Supernasen«, meinte Maxi.

»Nicht unbedingt«, gab Olga schlagfertig zurück. »Lawinenhunde, wie zum Beispiel wir Bernhardiner, können Verschüttete sogar unter einer mehrere Meter dicken Schneeschicht erschnuppern. Was die Menschen übrigens oft falsch deuten, ist das Verscharren unseres frisch gesetzten Häufchens. Viele glauben, wir seien besonders reinlich. In Wirklichkeit markieren wir ja nur die Stelle zusätzlich mit den Duftstoffen der Zwischenballendrüsen.«

79

Leckerbissen und Streicheleinheiten
Mit einer Belohnung geht alles besser

Einen echten Trüffelsucher habe ich übrigens mal kennengelernt«, fuhr Maxi fort. »Er war damals bei uns am Strand von Bolonia auf Urlaub. Mir kam er ziemlich großspurig vor, weil er zu dieser seltenen Rasse der **Lagotto Romagnolo** gehörte und überall herumposaunte, sein Besitzer habe 15 000 Euro für ihn ausgegeben. An einer gemeinsamen Kaninchenjagd war er nicht so interessiert, lieber wollte er ein bisschen durch die Wälder streifen, um nach Trüffeln zu schnüffeln. Dabei hat er aus dem Nähkästchen geplaudert und mir erzählt, wie er zum Trüffelspezialisten ausgebildet wurde.

Zuallererst hatte sein Chef einen alten Holzpantoffel mit einem Stück Speck und einem Trüffel vergraben. Der Speckduft zog ihn natürlich an wie der Magnet das Eisen. ›Weißt du‹, sagte er zu mir, ›wir Lagotto sind eine alte Rasse, die ursprünglich auf der Jagd zum Apportieren der Wildenten aus dem Wasser (ital.: lago = See) eingesetzt wurde. Heute dürfen wir uns beim Trüffelsuchen

natürlich nicht ablenken lassen, egal ob vor uns ein Kaninchen wegflitzt oder ein Rebhuhn auffliegt. Wir müssen uns ganz genau auf unsere Nase konzentrieren. Wenn du den Holzpantoffeltest bestanden hast, kommt der Trick mit dem Überraschungsei. Das war für die Kinder meines Chefs immer eine große Gaudi, da er mehrere Überraschungseier kaufte. Die Schokolade und die Überraschung bekamen die Kids. Dann bohrte er ein paar Löcher in die Plastikschale, tat einen kleinen Trüffel hinein und steckte die beiden Plastikhälften wieder zusammen. Diese ›Eier‹ wurden an einem mir unbekannten Ort vergraben, und ich musste sie finden. Das war immer ein Mordsspaß, weil du dann automatisch zum Mittelpunkt der ganzen Trüffelsucherfamilie wirst. Jedes Familienmitglied lobt und betätschelt dich,

wenn du dann eins nach dem anderen ausgebuddelt hast.

Die Trüffelsuche selbst ist für uns eine wunderschöne Beschäftigung, weil wir ganz eng mit unserem Chef zusammenarbeiten müssen. Was er dir mit seinem Rufen und Winken, mit seinen Gesten und Pfiffen sagen will, das verstehst du recht schnell. Deinerseits musst du dann mit Winseln, Bellen, Scharren und ständigem Blickkontakt deinem Chef anzeigen, wenn du eine Trüffelstelle gefunden hast. Dort wachsen diese Pilze wenige Zentimeter bis zu einem Viertelmeter tief unter der Erde. Am liebsten hat es mein Chef, wenn ich an

der Stelle nur ganz wenig scharre, damit ich nicht einen der Trüffel ankratze. Dann muss ich mit der Nase auf die Stelle deuten, wo er graben muss. Als Anfänger riechst du freilich nur die alten, vergammelten Trüffel. Die stinken ziemlich. Der behutsame Ausgräber findet aber meist daneben einige noch nicht von Fliegenmaden zersetzte oder zerfallene Trüffel. Zur Belohnung gibt's dann viele Schmuseeinheiten und selbstverständlich zusätzlich immer einen Leckerbissen, den er in der Tasche parat hält. Das alles ist wie ein spannendes Spiel, und als erfahrener Trüffelhund wirst du von deinem Herrchen quasi auf Händen getragen. Natürlich kannst du später als Experte des Trüffelschnüffelns schon am Geruch erkennen, welche Trüffelsorte da unter der Erde verborgen ist. Am entsprechenden Winseln, Bellen und Schwanzwackeln weiß dein Chef sofort, welche Köstlichkeit er gerade zu erwarten hat. Offenbar schmecken diese komischen Dinger den Menschen je nach Farbe ganz anders. Wenn ich einen weißen Trüffel anzeige, gräbt der Maestro nämlich ganz besonders vorsichtig.‹«

»Das glaube ich diesem Lagotto sofort«, unterbrach Olga Maxis Bericht von seinem Interview mit einem echten Trüffelhund, »denn all die Menschen, die von uns Hunden wirklich etwas verstehen und uns ausbilden wollen, arbeiten immer nach dem Prinzip von Streicheleinheiten und Leckerbissen. Bei uns Lawinenhunden war nach jedem Einsatz eine Scheibe Salami oder Mortadella sehr willkommen. Manchmal meinen die Menschen, durch gewürzte Würste könnte unsere feine Nase verdorben werden. Das ist natürlich Unsinn.«

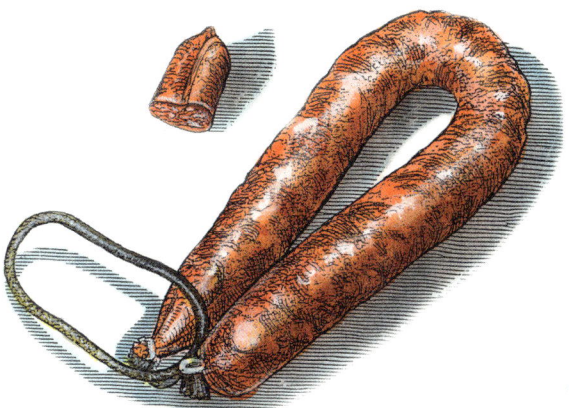

»Mir gab mein Hippie-Herrchen als Belohnung für ein unzerkautes Kaninchen ein Stück von der scharfen Paprikawurst, die dort in Spanien Chorizo heißt«, erzählte Maxi, »und die war auf der Zunge ziemlich lange scharf.«

»Da sollen Menschen nicht von sich auf uns Hunde schließen. Wir können nämlich mehrere Gerüche gleichzeitig auseinanderhalten«, antwortete Olga. »Das siehst du schon daran, dass unsere Trüffelexperten sowohl den Speck als auch den Trüffel riechen können, der im vergrabenen Holzschuh steckt. Sonst könnte man sie ja nicht trainieren. Der Leckerbissen fürs Finden verdirbt ihnen also keineswegs den Geruchssinn.«

»Stimmt«, sagte Maxi, »denn wenn ich daran denke, was ich auf spanischen Müllkippen so alles gefressen habe! Dann dürfte ich jetzt wahrscheinlich überhaupt nichts mehr riechen!«

»Diese komische Geruchstheorie kommt ja rein aus der Geruchswelt des Menschen«, sagte Olga. »Menschen müssen sich mit ihren lächerlich wenigen Riechzellen in der Nase und einem minimalen Geruchszentrum im Gehirn durchs Leben schlagen. Deswegen verschweißen die Drogenschmuggler ihren Stoff in Plastikbeuteln, parfümieren ihn reichlich und verstecken ihn in der Schmutzwäsche. Das ist naiv. Unseren

Spezialisten am Zoll reichen winzigste Spuren der Droge, die beim Einschweißen außen an der Verpackung hängen bleiben. Eine Superhundenase lässt sich eben nicht täuschen! Aber der Hundeführer – der lässt sich manchmal ziemlich einfach überlisten!«

»Wie soll das denn gehen?«, fragte Maxi. »Wenn Hund und Hundeführer angeblich immer so gut aufeinander abgestimmt sind?«

»Da kann ich dir eine Geschichte hier aus unserem Haus erzählen«, antwortete Olga. »Wie du weißt, ist unser Prof ein großer Feinschmecker und hatte einmal auf dem Rückflug von Marrakesch jede Menge Duftstoff im Handgepäck dabei: einen Haufen marokkanische Gewürze und zwei Lammkeulen. Die Einfuhr von Frischfleisch war aber strikt

verboten. Am Münchner Flughafen wurden damals alle Flüge aus Marokko auf Drogenschmuggel hin überprüft. Als unser Prof durch den Zoll gehen wollte, wurde er von einem Hundeführer angehalten, weil der Hund freudig auf ihn zugegangen war. So freundlich hatte sein Spürhund noch keinen begrüßt. Der Prof sagte zwei, drei nette Worte zu dem Schäferhund, tätschelte ihn hinterm Ohr und kraulte dabei mit dem Zeigefinger ganz sanft den Gehörgang.«

»Das macht er auch wirklich super«, gab Maxi zu.

»Ja, das ist genau die Stelle, wo wir beim Kratzen nicht richtig hinkommen, weil wir uns sonst mit unseren Krallen leicht blutig kratzen würden«, erklärte Olga. »Seine Tasche hatte er direkt vor den Hund gestellt und verwickelte nun den Hundeführer in ein Gespräch. Der Hund seinerseits ließ sich gerne und geduldig kraulen, bot dankbar noch das andere Ohr an und machte natürlich überhaupt keine Zeichen für Drogengeruch. Warum sollte er auch? Schließlich roch es aus der Tasche nur verführerisch nach frischem Lamm, nicht aber nach irgendeiner Droge, auf die er konditioniert war. So kam der Prof ungeschoren durch die Hundekontrolle. Die Lammkeulenreste waren übrigens ganz ausgezeichnet. Dazu bekam ich noch ein

Extrastück vom Haxerl, wobei der Prof meinte, das sei ein kleines Dankeschön für die feine Nase des Flughafenkollegen. Der hatte sich als echter Deutscher Schäferhund nur exakt an die bürokratischen Zollvorschriften gehalten!«

»Wenn du das erzählst, läuft mir das Wasser im Mund zusammen«, meinte Maxi, »und ich schmecke all die marokkanischen Gewürze, den Safran und den Knoblauch. Übrigens glaube ich, dass wir auch einen feineren Geschmackssinn haben als die Menschen.«

»Darüber besteht für mich überhaupt kein Zweifel«, meinte Olga. »Als ich noch im Lawinendienst war, hatte ich einen guten Kumpel, den Waldi. Er war als **Bayerische Bracke** der Hund des Berufsjägers Stef. Sie waren ein perfekt aufeinander abgestimmtes Paar. Von jedem gejagten Rothirsch und von jeder Gämse bekam Waldi als Dank für die Arbeit ein faustgroßes Stück roher Leber. Einmal war ein Jagdgast dabei, der um alles in der Welt die Leber allein für sich haben wollte. Daher schlug er dem Stef vor, er solle seinem Hund doch ein Stück von der Milz, vom Schussfleisch oder vom Herzen des Gamsbocks geben. Stef tat wie ihm geheißen, und Waldi rümpfte nach kurzem Beschnuppern die Nase und sah sein Herrchen mit großen Augen an. Sanft und erwartungsvoll

wackelte er mit dem Schwanz. Ohne jede weitere Erklärung schnitt Stef für seinen Hund die ihm zustehende Leberportion ab und meinte trocken zu dem Jagdgast: ›Wissen Sie, ich muss mit meinem Waldi auch später noch jagen. Sie nicht. Und ich möchte nicht, dass er die Freude daran verliert!‹ Der Jagdgast schüttelte missmutig den Kopf und meinte, dass er seinen Jagdhund niemals so verwöhnen würde. Es sei doch gleich, was ein Hund zur Belohnung bekomme. ›Nein‹, antwortete Stef, ›er mag halt die Leber. Und sie steht ihm auch zu, weil das so zwischen ihm und mir abgemacht ist.‹«

Wie viel PS hat ein Hundeschlitten?
Wofür Menschen Hunde brauchen

Du weißt ja, liebe Olga, dass ich die Bezeichnung >Gebrauchshund< nicht mag und sehr unpassend finde. Da muss man sich doch unwillkürlich fragen, was passiert eigentlich, wenn wir nicht mehr gebraucht werden?«, fragte Maxi.

»Da hast du leider völlig recht«, antwortete Olga. »Wenn der Mensch eine Sache nicht mehr gebrauchen, das heißt: nicht mehr nutzen kann, dann wird er ihrer schnell überdrüssig, und sie gerät in Vergessenheit.«

»Aber wir sind doch Lebewesen und keine Sachen!«, empörte sich Maxi.

»Nach deutschem Recht werden wir immer noch als Sachen gehandelt«, klärte ihn Olga auf. »Und jetzt schauen wir uns doch mal die Gebrauchshunde an: Als in England in der Mitte des 18. Jahrhunderts der letzte Wolf geschossen wurde, brauchte man keine Irischen Wolfshunde mehr, um ihn zu jagen. Die Rasse wäre sicherlich ausgestorben, und ihr Überleben verdanken die heutigen Wolfshunde allein G.A. Graham, der

sie aus Wolfhound-Restbeständen und verwandten Rassen von etwa 1850 an gezüchtet hat. Die großen Hirtenhunde wie der ungarische Komondor, der französische Pyrenäenberghund oder der Kuvasz sowie der türkische Kangal haben sich nur in Eurasien halten können, wo der Wolf bis heute noch nicht ausgestorben ist. Die Hirtenhunde wurden oft in Weiß oder Weißgefleckt gezüchtet, damit man sie in der Dämmerung vom Wolf besser unterscheiden konnte, wenn es galt, die Herde mit dem Gewehr zu verteidigen.

Die französischen Hirten nannten daher früher die Zeit der Dämmerung >zwischen Hund und Wolf<. Wie wichtig damals diese Hirtenhunde waren, zeigt auch ihr Sprichwort: >Ohne Hund kein Käse!<

Während die großen Hirtenhunde für die Verteidigung gegen Wölfe da waren, hielten die kleineren Hütehunde die Schafherden zusammen. Dabei achteten sie genau darauf, dass die Schafe nur auf den unbebauten Rainen zwischen den Feldern das Gras abweideten, und hielten sie selbstständig von den bestellten und fruchttragenden Feldern fern. Dieses Verhalten ist sowohl beim Australischen **Kelpie** als auch beim Kaukasischen **Owtscharka** angeboren und genetisch fixiert. Ein Owtscharka kann bereits ab dem sechsten Monat perfekt Schafe hüten, selbst wenn er zuvor noch nie Herdenkontakt gehabt hat.«

»Das finde ich ja toll«, merkte Maxi an. »Wie praktisch, wenn ein Gebrauchshund gleich mit Gebrauchsanleitung auf die Welt kommt! Vielleicht auch noch mit Rückgaberecht?«

»Das hast du schön scharfzüngig gesagt«, antwortete Olga. »Und mitten ins Schwarze getroffen. Denn wenn man bedenkt, dass die heutige Tierzucht immer mehr zur Massentierhaltung ausartet und die Schafe ohnehin nur einen relativ bescheidenen Beitrag zur Ernährung der Menschheit leisten, dann werden viele wunderschöne Hütehunderassen bald verschwinden.«

»Insofern leben wir jetzt also gleichsam im Zeitalter der Streichel- und Schmusehunde,« fügte Maxi hinzu, »und auf unserer Gebrauchsanweisung müsste eigentlich stehen: Sozialgefährte.«

»Du bist heute aber gut drauf, Maxi«, sagte Olga anerkennend. »Und um beim Thema zu bleiben: Die **Greyhounds** und andere Windhunderassen wurden von

den wettwütigen Engländern für die beliebten Hunderennen auf Schnelligkeit gezüchtet. So ein Greyhound bringt es auf 60 bis 80 Stundenkilometer und eine circa 480 Meter lange Rennstrecke bewältigt er in knapp 28 Sekunden!«

»Na ja«, warf Maxi ein, »die Hasenattrappe, die auf der Rennbahn vor ihnen hergezogen wird, schlägt schließlich keine Haken!«

»Zu beneiden sind diese Rennprofis allerdings nicht«, fuhr Olga fort. »Ihre Höchstleistung vollbringen sie im zweiten und dritten Lebensjahr. Viele von ihnen werden im vierten bis fünften Jahr dann klammheimlich eingeschläfert, weil sie eben nicht mehr ›gebraucht‹ werden. Die Menschen nennen das ›sportliche Nutzung‹. Dabei ist es gerade mal 100 bis 150 Jahre her, da waren noch viele Volksstämme der Indianer Nordamerikas und der Eskimos zum Überleben absolut auf den Hund angewiesen. Von den Schlittenhunden der Inuit, wie sich die Eskimos in ihrer Sprache selbst bezeichnen, hat wohl jeder schon mal gehört. Wobei weniger bekannt ist, dass das Wort **Husky** als Schimpfwort der Engländer auf die Eskimos gemünzt war. Ein Eskimostamm hat dem **Malamut**, einem Verwandten des Huskys, den Namen gegeben. Die unglaubliche Leistungsfähigkeit dieser Schlittenhunde

hat der berühmte Polarforscher Alfred von Wegener schon 1933 genutzt. Vor den Schlitten gespannt, zog jeder Hund ein Gewicht von 30 bis 40 Kilogramm, sogar bei einer Steigung von 2 Prozent. Bei einem Futterverbrauch von nur 0,7 Kilo Trockenfisch pro Tag brauchte er für 100 Kilometer und zurück nur 4 Kilo Futter. Das ergab für einen voll gepackten Hundeschlitten eine Reichweite von etwa 600 Kilometern. Ein Pferd würde für 100 Kilometer etwa 40 Kilo Futter brauchen, und die Reichweite wäre auf 400 Kilometer begrenzt. Das wussten freilich auch schon die alten Russen, als sie sich Ende des 15. Jahrhunderts anschickten, Sibirien zu unterwerfen und ihr riesiges Reich zu gründen. Nur mithilfe von Hundeschlitten war die Beförderung von schweren Lasten über lange Strecken bei einem schnellen Vorankommen gewährleistet. Wohl erst später wurde der Hund dann

im Sommer vom Pferd und im Winter auch vom Rentier abgelöst.«

»Aber die Prärieindianer Nordamerikas«, wandte Maxi ein, »haben doch auf ihren Wanderungen bestimmt keine Hundeschlitten eingesetzt, sondern ihren Wigwam mit Sack und Pack auf die Mustangs geladen, oder?«

»Bevor Christoph Kolumbus im Jahre 1492 Amerika entdeckte, gab es dort keine Pferde«, erwiderte Olga. »Die letzten in Nordamerika nachgewiesenen Pferde hießen Merichhippus, liefen noch auf drei Zehen und starben im Tertiär aus, also vor etwa 30 Millionen Jahren. Von den Hauspferden, welche die spanischen Eroberer importierten, stammen die Mustangs ab.«

»Dann sind diese Mustangs also verwilderte Hauspferde?«, fragte Maxi.

»Genauso ist es«, sagte Olga. »Die Indianer waren allein auf uns Hunde als Transportmittel angewiesen, bis sie wieder einige Mustangs eingefangen und gezähmt hatten. Pro Familienmitglied hielt man deshalb vier Hunde. Diesen wurden zwei gekreuzte lange Stangen über dem Rücken verknotet, worauf die

Lasten gelegt wurden, und fertig war die Schleppe.«

»Das muss ja eine furchtbare Anstrengung gewesen sein, zwei lange beladene Stangen hinter sich herzuziehen«, meinte Maxi. »Warum haben denn die Indianer keine Räder daruntergemacht?«

»Das Rad war in den indianischen Kulturen unbekannt und wurde ebenfalls erst mit den weißen Eroberern eingeführt«, klärte Olga ihn auf. »Apropos Indianer: Hast du eigentlich gestern die Weste gerochen, die der Prof trug?«

»Und wie!«, meinte Maxi. »Die war aus der Unterwolle eines Rüden hergestellt!«

»Gut geschnuppert«, antwortete Olga. »Die Wolle stammt von dem **Briard**, den der Prof lange gehalten hat. Wenn die Weste beim Regen feucht wird, mault seine Frau ein wenig, dass er nach Hund stinke. Aber mit dieser Wollnutzung haben wir einen weiteren ›Gebrauch‹, den die Menschen von uns Hunden machen. So züchteten mehrere Indianerstämme, wie auch die Salish in Kanada, weiße

Wollhunde, die nicht zur Jagd genutzt wurden. Zum Teil wurden Fasern von Zypressen eingewebt, um das feinmaschige Gewebe zu verstärken. Es wurden aber auch Leichentücher hergestellt, die nur aus Hundewolle gewebt worden waren.«

»Schon kapiert«, meinte Maxi. »Da lässt wohl wieder der gute alte Anubis grüßen!«

»Weißt du eigentlich, was ein Gae-Wolf ist?«, fragte Olga.

»Keine Ahnung«, meinte Maxi.

»So bezeichnet man geschorene und eingefärbte Hundefelle, die aus dem asiatischen Raum nach Europa eingeführt und zu billigen Futterfellen für Wintermäntel und zu Kragenbesatz von Anoraks verarbeitet werden. Dabei handelt es sich also um eine Tradition, die die Europäer von nordamerikanischen Indianern und den Eskimovölkern übernommen haben: Hundehaare und Hundefelle als Kleidung für Menschen.«

Ganz schön clever!

Aber können Hunde einem bei den Hausaufgaben helfen?

Eines verstehe ich nicht«, sagte Maxi, »wenn wir den Menschen für so viele Zwecke dienen, also so viel für sie tun, ob du jetzt ans Lawinensuchen oder ans Krebszellenschnüffeln denkst, warum sind dann die Menschen oft so undankbar zu uns? Wie oft bin ich früher getreten und als >dummer Hund< verjagt worden!«

»Zum Glück hat sich da gerade in letzter Zeit so einiges geändert«, sagte Olga. »Da haben nämlich Verhaltensforscher nachgewiesen, dass es hochintelligente und nicht ganz so intelligente Hunderassen gibt. Leider zählt meine Rasse zu den Letzteren, und deswegen bin ich sehr froh, dass ich die Murmel-Elfe damals kennengelernt habe. Als besonders clever gelten die **Collies**, die **Deutschen Schäferhunde**, die **Pudel** und besonders die **Border Collies**. Wenn sie gut trainiert sind, können sie über 250 Begriffe von Gegenständen, die sie apportieren sollen, aus der menschlichen Sprache verstehen und richtig zuordnen. Der Fernsehstar Rico, ein Border Collie, hat sich von den Fern-

sehkameras nicht ablenken lassen und auf Bitten seines Frauchens aus 200 Gegenständen 77-mal hintereinander immer den richtigen herausgeholt, seien es nun Plüschtiere, Bälle oder Kappen gewesen.

Das hat natürlich die Wissenschaftler auf den Plan gerufen, die dieses verblüffende Sprachverständnis gleich näher untersucht haben. Sie haben dazu Tests eingesetzt, die auch verwendet werden, um die Entwicklung der menschlichen Sprache und das Zahlenverständnis von Kleinkindern zu ermitteln. Der neueste Star auf diesem Gebiet heißt Chaser, ebenfalls ein Border Collie, der es in drei Jahren gelernt hat, 1022 Spielzeuge auseinanderzuhalten. Kindern gelingen solche Leistungen erst ab dem Alter von drei Jahren.«

»Also, ich kannte damals in meinem Revier jeden Kaninchenbau, aber über 1000 verschiedene Spielzeuge könnte ich mir nicht merken«, gab Maxi zu.

»Tja«, meinte die Bernhardinerhündin, »der Prof war da auch sehr skeptisch. Vor Kurzem hat nämlich eine andere Wissenschaftlerin einen neuen Versuch gemacht. Sie hat in einer Kirche, in der mit Sicherheit noch nie Sprengstoff versteckt war, an mehreren Orten solchen versteckt. Natürlich wussten weder Hundeführer noch Hunde, wo. Aber dabei hat sie einen kleinen Trick eingebaut – nämlich Verstecke ohne Sprengstoff optisch so hervorgehoben, dass diese den Hundeführern, nicht aber den Sprengstoffschnüfflern auffielen. Prompt haben die Hunde in der Mehrzahl der Fälle bei diesen tauben Verstecken angeschlagen. Den Prof hat das nicht weiter überrascht, und er meinte nur ganz trocken, der kluge Hans lässt grüßen.«

»Wer war denn das nun wieder?«, fragte Maxi.

»Der kluge Hans war ein Kutschenpferd, das vor 100 Jahren in Berlin lebte. Er beherrschte zum Erstaunen der hohen Wissenschaft alle Grundrechenarten und konnte sogar Quadratwurzeln ziehen. Immer wenn der Kutscher ihn fragte, stampfte er mit dem Vorderbein auf, also bei ›3 x 2‹ sechsmal, bei ›Quadratwurzel aus 16‹ eben viermal. Bis dann ein pfiffiger Psychologiestudent ein Leintuch zwischen den Kutscher und

den klugen Hans spannte. Da war's mit seinen Rechenkünsten auf einmal aus.«

»Da hat ihm der Kutscher also heimliche Zeichen gegeben?«, vermutete Maxi.

»Keine direkten Zeichen. Solchen Schmu hat der Kutscher nicht gemacht. Aber das Pferd hat auf unbewusste Reaktionen seines Herrn reagiert. Wie das genau funktioniert hat, weiß man allerdings bis heute nicht«, erklärte Olga.

»Aber damit ist doch bewiesen, dass wir Tiere mit unseren Chefs kommunizieren können«, sagte Maxi.

»Natürlich können Herr und Hund mit einem so kleinen ›Wortschatz‹ keine großen Gespräche oder Diskussionen führen, aber trotzdem verstehen wir Hunde viel mehr Gesten und Wörter, als es so manche Zweibeiner glauben möchten«, verkündete Olga. »Damit sind wir sogar unserem wilden Vorfahren, dem Wolf, überlegen. So schaut ein Wolf, dem man etwas zeigen will, auf den ausgestreckten Finger der menschlichen Hand, ein cleverer Hund aber in die Richtung, wohin der Finger zeigt. Der Wolf ist es halt gewohnt, nur die für sein Überleben wichtigen Probleme zu lösen. Wir Hunde haben dagegen gelernt, vielfältige Trainingsaufgaben zu meistern. Das jahrtausendlange Miteinander von Mensch und Hund hat uns also auch hier sehr geprägt. Gerade die Hunderassen,

die als Hütehunde genau auf den Schäfer achten, um seine Handzeichen, Signale und Worte zu verstehen, waren dadurch mehr gefordert als ein Terrier, der im Bau dem Fuchs nachkriecht.«

»Intelligenz ist wichtig, eine gute Nase aber auch«, warf Maxi ein. »Ich wüsste zu gern, ob die Fernsehzuschauer bemerkt haben, wie dieser Rico oder dieser Chaser das geschafft haben. Denn die beiden haben die vielen Gegenstände doch natürlich gerochen, also mit ihrem Geruchssinn auseinandergehalten, oder?«

»Klar«, antwortete Olga, »aber ein Mensch sieht und denkt in Bildern, wir Hunde leben in einer Welt der Düfte und Gerüche. Kein Mensch kann sich vorstellen, dass ein jedes Spielzeug für uns eben anders riecht. Trotzdem waren selbst die Fachleute überrascht, dass beide Hunde dem jeweiligen Geruch ein menschliches Sprachbild zuordnen konnten. Und stell dir vor: Die Clversten unter uns haben sogar ein rechnerisches Grundverständnis. Durch Versuche konnte nachgewiesen werden, dass wir verstehen, dass eins und eins zwei ist und nicht drei. Was diese Art von Intelligenz betrifft, können wir uns jetzt angeblich mit Affen, Papageien und Rabenvögeln messen!«

»Einen solchen Intelligenztest habe ich natürlich nie mitgemacht«, meinte Maxi. »Doch ich habe meinem Hippie-Besitzer immer sofort angesehen, was er mir sagen wollte, wenn er nicht so gut drauf war und ohne mich Gassi gehen wollte. Also bin ich bestimmt nicht dumm. Schwierigkeiten hatte ich allerdings mit ihm, wenn er zu tief ins Glas geschaut hatte. Da roch er so anders, dass ich ihn nur mühsam erkennen konnte.«

»Das geht uns allen so«, antwortete Olga. »Wir erkennen die Menschen am Geruch, auch unsere Herrchen. Ein sehr bekannter Hundeausbilder, er heißt Franz Breitsamer, hat unserem Prof mal

zwei prima dazu passende Geschichten erzählt. Da hat einmal ein sehr gut abgerichteter **Deutscher Schäferhund** Einbrecher verscheucht, als er allein das Haus bewachte. Eines Abends kam sein Herrchen betrunken nach Hause und brauchte wohl eine ganze Weile, bis er mit dem Schlüssel das Schloss fand. Als er dann in den Flur torkelte, erkannte ihn der eigene Hund nicht mehr am Geruch und hat ihn fürchterlich gebissen, weil er ihn für einen Einbrecher hielt.«

»Und die zweite Story?«, fragte Maxi neugierig.

»Als der Vater von Franz Breitsamer schwer krank wurde und ins Krankenhaus musste, hat sein grauer **Riesenschnauzer** das Fressen total eingestellt. Ab sofort hat er das Arbeitszimmer des Vaters, in dem sein Korb stand, nie mehr betreten. Er hat den nahenden Tod des Vaters gerochen. An dem Tag, als der alte Herr starb, verschwand der Riesenschnauzer. Er wurde nie mehr gefunden«, erzählte Olga.

»Ganz klar, der hat sich ebenfalls zum Sterben verkrochen«, sagte Maxi. »Kranke Menschen riechen wirklich anders. Als bei uns in Spanien ein Mann aus der Nachbarschaft schwer krank wurde, habe ich das genauso gerochen. Zwei Tage später war er tot.«

»Den Franz Breitsamer, der damals gerade 15 Jahre alt war, hat die Geschichte des grauen Riesenschnauzers seines Vaters so tief beeindruckt, dass er sein Leben ganz dem Phänomen Hund gewidmet hat«, fügte Olga hinzu. »Mit Katzen ist es übrigens ähnlich. In einem amerikanischen Hospiz kam die Hauskatze immer einen Tag vor dem Tod und kuschelte sich im Bett der Todgeweihten bequem zurecht und schnurrte. Offenbar hat sie den Geruch gemocht. Kein Wunder also, wenn die Menschen bei solchen Phänomenen an übersinnliche Fähigkeiten der Tiere glauben und vom Geistersehen reden. Aus diesem Grund sind wir wohl auch von den Menschen oft in den Stand von Göttern versetzt worden. Nicht nur der persische Religionsstifter Zoroaster führte seine Herkunft auf den Wolf zurück, auch die Gründer Roms, Romulus und Remus, wurden ja von einer Wölfin gesäugt.«

»Wie ging denn das?«, wollte Maxi wissen.

»Eigentlich gar nicht«, erwiderte Olga. »Denn die Wolfsmilch hätte für ein Baby einen zu hohen Eiweißanteil, und das würden auf Dauer die Nieren nicht mitmachen. Genauso würde es ein Hund nicht vertragen, wenn man ihn auf Dauer nur mit der Muttermilch einer Frau aufziehen würde. Der Welpe würde an Eiweißmangel eingehen, es sei denn, er würde mit Fleisch nachgefüttert. Das mit Romulus und Remus ist also garantiert nur eine Legende. Eine schöne allerdings.«

Der Superigelhund
Vom Fressen und Gefressenwerden

Jede Wette«, meinte Maxi, »dass wir nun wirklich alle Möglichkeiten erwähnt haben, die der Mensch sich zum Gebrauch von uns Hunden hat einfallen lassen!« Er richtete sich in Sitzposition auf, spitzte die Ohren nach vorn und sah die Bernhardinerhündin erwartungsvoll an.

»Leider würdest du die Wette verlieren, du Naseweis«, spöttelte Olga. »Denn wenn wir schon stolz darauf sind, das vielseitigste Haustier zu sein, müssen wir dem Menschen leider noch zwei weitere Nutzungen unserer Sippe unter die Nase halten. Beide sind nämlich an Respektlosigkeit nicht zu überbieten. Früher dienten wir in manchen Ländern als nicht ganz unwichtiger Fleischlieferant. Manche Forscher meinen sogar, dass dies der Hauptgrund war, warum der Wolf überhaupt domestiziert wurde. So haben uns die Inuit und auch die nordamerikanischen Indianer nicht nur in Notzeiten verspeist, sondern es wanderten alle Jungtiere, die für die Zucht oder als Zugtiere nicht geeignet erschienen, in den Kochtopf. Dieses Los teilen noch heute die **Papuahunde** in Neuguinea,

und sogar meine nächsten Verwandten, die **Appenzeller Sennenhunde**, waren früher in der Schweiz als Leckerbissen bei den armen Bergbauern beliebt. Sie kamen in die Pökellake und dienten als Sonntagsbraten in den langen Wintermonaten. Aber auch manche Polarforscher haben in Notsituationen nur dank heißer Schlittenhundesuppe überlebt!«

»In der Not frisst der Teufel Hunde«, spottete Maxi. »Heute tut das hoffentlich keiner mehr, oder?«

»Schön wär's«, sagte Olga. »Noch heute gelten in Korea und in China Hunde wie die **Chow-Chows** und der **Shar-Pei** als Leckerbissen. Dazu werden sie angeblich auf rein vegetarischer Basis gemästet.«

»Igitt, die Armen!«, warf Maxi ein. »Wir sind doch keine Wiederkäuer!«

»Das finde ich auch«, antwortete Olga. »Unser Prof hat zwar mal versucht, Näheres über diese asiatische vegetarische Hundediät herauszufinden, wurde aber nicht so recht fündig.

Offenbar schreibt hier ein europäischer Hundeautor vom anderen ab. Denn eines ist ganz klar: Wenn wir Hunde längere Zeit ausschließlich vegetarisch ernährt werden, fehlt uns eine lebenswichtige Aminosäure, nämlich das Tryptophan zum Aufbau unseres körpereigenen Eiweißes, und es kommt zur Schwarzzungenerkrankung.«

»Klingt furchtbar«, meinte Maxi.

»Da entstehen auf der Zunge tiefe Risse«, erklärte Olga, »und es kommt zu einer bakteriellen Entzündung, die mit dem Tod enden kann, wenn die Krankheit nicht rechtzeitig erkannt wird.«

»Wie kann man aber auch einen Hund so idiotisch füttern«, empörte sich Maxi.

»Was glaubst du wohl, wie viel Unfug und Unsinn bei der Fütterung unseresgleichen angestellt wird und was man da alles falsch machen kann!«, antwortete Olga. »Darüber könnten wir uns hier noch ganze Abende unterhalten.

Die Hauptgefahr besteht in den europäischen Breiten nicht so sehr in Mangelerkrankungen, sondern darin, dass viele von uns durch Überfütterung zu fett werden. Der Dichter und Zeichner Wilhelm Busch hat tolle Comics über einen fetten Mops gezeichnet und damit den Nagel auf den Kopf getroffen!«, führte Olga weiter aus. »Andererseits ist es noch gar nicht so lange her, dass die Ernährungswissenschaftler, die sich auf die Hundefütterung spezialisiert haben, feststellen mussten, dass man heranwachsenden Doggen und Riesenschnauzern mit einem Überangebot von Calcium – nach dem Motto ›Viel hilft viel‹ – sehr schaden kann. Dann kommt es nämlich zu Störungen der Verknöcherung im Bereich der Epiphysenfuge – das ist die Wachstumszone der langen Röhrenknochen unserer Beine – und zu einer unheilbaren Verbiegung derselben.«

»Na, da waren uns aber die spanischen Mülltonnen gnädiger gestimmt«, frotzelte Maxi. »Wenn wir auch nicht gerade fett geworden sind, so haben sie doch für abwechslungsreiches Futter gesorgt. Krumme Beine haben wir auch nicht bekommen. Und welche ist die zweite respektlose Nutzung von uns Hunden, die du erwähnen wolltest?«

»Ja, das ist ein noch leidigeres Kapitel als das vorige«, meinte Olga.

»So wie man Windhunde für Wettspiele auf Schnelligkeit gezüchtet hat, so hat man verschiedene Hunderassen auf Aggressivität, also auf Angriffslust, gezüchtet, und es entstanden die sogenannten Kampfhunde. So wurden zu Zeiten der Industrialisierung in England Ende des 19. Jahrhunderts neben dem Bullmastiff auch Bullterrier gezüchtet, die in einer Kampfarena (engl.: pit) einen ausgewachsenen Bullen in die Nase beißen und ihn zu Boden zwingen mussten. Darauf wurde eine Menge Geld gesetzt. Ursprünglich wurden die Pitbullterrier aber zur nächtlichen Bekämpfung von Wilderern eingesetzt. Sie waren gefürchtet, weil sie so kräftig waren und lautlos gearbeitet haben. Sie haben den Wilddieb zu Boden geworfen und dann gewartet, bis der Chef eingetroffen war.«

»Das riecht ja ein bisschen nach dem spanischen Stierkampf«, sagte Maxi, »der ja wohl hauptsächlich durch Geldwetten am Leben gehalten wird. Die armen Pferde, die da anzutreten haben, sind auch nicht gerade zu beneiden.«

»Ein guter Vergleich«, antwortete Olga. »Übrigens hat unlängst auch der Prof mal gewettet – und sogar gewonnen. Er hat mit einem Hundeexperten darum gewettet, dass der die Hunderasse nicht erkennen würde, die er ihm auf einem

Farbfoto zeigen werde. Der Experte hat den Prof zuerst mal ausgelacht, musste dann aber klein beigeben, als er das Foto gesehen hat. Es liegt übrigens da hinten auf dem Couchtisch.«

Mit zwei, drei Sätzen war Maxi bei dem Tisch und betrachtete das Foto.

»So einen Hund habe ich auch noch nie gesehen«, sagte er, »wenn das überhaupt einer sein soll! Der ist ja über und über mit Stacheln bedeckt. Der sieht ja aus wie eine Kreuzung aus Hund und Igel! Ein Superigelhund?«

»Richtig«, erwiderte Olga, »das Foto zeigt nämlich einen Bullterrier aus der italienischen Toskana, der abends beim Gassigehen ein Stachelschwein überrascht hat. Der Tierarzt hat ihm dann in Vollnarkose über 800 Stacheln herausoperiert.«

»Das kapiere ich nicht«, meinte Maxi. »Dann müssen sie wohl diesem armen Bullterrier einen Teil des Hirns weggezüchtet haben! Denn wer Verstand hat, macht um so ein stacheliges Tier doch einen großen Bogen. Zwar habe ich noch nie ein Stachelschwein gesehen, aber als mich unlängst der Igel gepikst hat, habe ich meine Nase schnell zurückgezogen. Wahrscheinlich geht so ein aggressiver Bullterrier auf alles los, was sich bewegt.«

»Das stimmt nicht so ganz«, entgegnete Olga, »denn all die verschiedenen sogenannten Kampfhunde können durchaus liebevolle und intelligente

Kumpels sein. Voraussetzung dafür ist allerdings, dass man sie während der Prägungs- und Sozialisierungsphase nicht bewusst auf Schärfe dressiert. So haben früher die englischen Jäger ihre Jagdterrier ganz brutal abgerichtet. Ein solcher Schärfetest bestand darin, dass sich die armen Kerlchen in einen Reifen von einem Jeep verbeißen mussten. Wenn dann der Wagen losfuhr, mussten sie sich fest verbissen mitdrehen lassen. Wer losließ, auf den wartete der Schrotschuss. Ein sehr unrühmliches Kapitel in der Geschichte der Hundeerziehung, und wir können froh sein, dass es Vergangenheit ist.«

Olga rappelte sich auf und schlurfte zum Wassernapf. »Weißt du, Maxi, die Menschen sagen gerne, ein Hundejahr entspreche sieben Menschenjahren. An manchen Tagen scheinen meine Knochen das zu bestätigen.«

Als sie zurückkam, fragte Maxi: »Was ist los? Du hast ja diesmal gar nicht geknurrt, als du an deinem Lieblingsbuch vorbeigegangen bist.«

»Das hat seinen guten Grund«, antwortete Olga, »denn seit gestern Abend steht dort ein Buch, das mir viel besser gefällt als das von Thomas Mann. Es ist von einem gewissen Mark Rowlands und hat den Titel ›Der Philosoph und der Wolf‹. Darin erzählt der Philosoph, wie

er elf Jahre ganz eng mit einem echten Wolf zusammengelebt hat. Als gestern Abend der Prof daraus vorgelesen hat, hat mir gleich am Anfang eine Stelle besonders gefallen. Da erzählt der Autor nämlich, dass auch er zur Erziehung seines Hundes, wenn der ungehorsam war, ein metallenes Halsband als Wurfgeschoss eingesetzt hat. Bevor er das aber zum ersten Mal verwendete, hat er sich das Ding von einem seiner Freunde mit voller Wucht auf den Hintern werfen lassen, um zu spüren, wie weh das tut!«

»Donnerwetter!«, staunte Maxi.

»Tue deinem Hund nichts an, was dir auch selber keiner antun soll. Wenn sich diese Form der philosophischen Hundeerziehung durchsetzt, wäre das doch ein Gewinn für uns alle!«

»Kein Zweifel«, stimmte Olga zu. »Übrigens habe ich bisher noch von keinem Menschen gehört, der es mit solchem Feingefühl geschafft hat, einen Wolf zum Freund zu gewinnen, der ihn dann elf Jahre lang auf Schritt und Tritt begleitet hat.«

Maxi erhob sich, ging zum Regal und beschnüffelte das Philosophenbuch. Dessen Autor hätte sicher seine helle Freude daran gehabt, wenn er gesehen hätte, wie ausgiebig Maxi dabei mit dem Schwanz wedelte.

Ackermann, U. und Schramm, R.:
Hier schreibt der Mops,
Franckh-Kosmos Verlag, Stuttgart 2008
(Nette Geschichten mit und um den Hund mit dem
Ringelschwänzchen)

Ahne, W., Liebich, H.G., Stohrer, M.,
Wolf, E. und König, H.E.:
Zoologie,
Schattauer Verlagsgesellschaft,
Stuttgart – New York 2000

Barett, T.:
Morbillivirus infections with special emphasis
on morbilliviruses of carnivores,
Veterinary Microbiology, 69 (1999), S. 3–13
(Nur für virologisch angehauchte Freaks)

Breasted, J.H.:
Die Geburt des Gewissens,
Morgarten Verlag Conzel & Huber, Zürich 1950
(Dieses Buch ist sehr bereichernd, doch es nimmt
einem den Atem. Man braucht viel Muße und Zeit.)

Brehm, A.:
Brehms Tierleben,
Bibliographisches Institut, Leipzig – Wien 1912
(Der alte Brehm ist immer für Überraschungen gut
und sehr unterhaltsam.)

Boessneck, J.:
Der kleinste Zwerghund aus der Römischen
Kaiserzeit,
Tierärztl. Prax. 17 (1989), S. 89–91, Schattauer
Verlagsgesellschaft, Stuttgart – New York

Boessneck, J.:
Die Domestikation und ihre Folgen,
Kolloquien zur Allgemeinen und Verglei-
chenden Archäologie, Band 4, S. 5–23,
Verlag C. H. Beck, München 1983

(Hier geht es um den gesprächigen Unterkiefer und den
ältesten Nachweis der Domestikation des Hundes.)

Clutton-Brock, J.:
A Natural History of Domesticated Mammals,
British Museum (Natural History) 1987

Driesch, A. van den:
Zur Haustierhaltung in den vor- und früh-
geschichtlichen Kulturen Europas,
Kolloquien zur Allgemeinen und Verglei-
chenden Archäologie, Band 4, S. 25–58,
Verlag C. H. Beck, München 1983

Fichtlmeier, A. und G.:
Weimaraner,
Franckh-Kosmos Verlag, Stuttgart 2010
(Ein gescheites Loblied auf das »Meißner Porzel-
lan« unter den Hunden)

Furuse, Y., Suzuki, A. and Oshitani, H.:
Origin of measles virus: divergence from rinder-
pest virus between the 11th and 12th centuries,
Virology Journal, 2010, 7, S. 52

Gérard, K. W.:
Die Geheimnisse des Trüffelsuchers,
Piper Verlag, München – Zürich 2005

Grzimek, B.:
Grzimeks Tierleben,
Kindler Verlag, Zürich 1968

Herre, W. und Röhrs, M.:
Haustiere – zoologisch gesehen,
Gustav Fischer Verlag,
Stuttgart – New York 1990
(Hier werden die Grundzüge der Domestikation
verständlich erläutert.)

Kienzle, Ellen: Persönliche Mitteilung. 2010

Krämer, E.-M.:
250 Hunderassen, Ursprung, Wesen, Haltung,
Franckh-Kosmos Verlag, Stuttgart 2007
(Sehr gute Beschreibung der Rassen in Wort und Bild)

Kundera, M.:
Die unerträgliche Leichtigkeit des Seins
Carl Hanser Verlag, München 1984

Lorenz, K.:
So kam der Mensch auf den Hund,
Verlag Dr. G. Borotha-Schoeler, Wien 1950
(Absolute Pflichtlektüre)

Mann, T.:
Herr und Hund. Ein Idyll,
S. Fischer Verlag, Frankfurt 1974
(Wunderschöne Urlaubslektüre, zur Hundeerziehung
nicht geeignet)

McCarthy, A., Shaw, M.-A. and Goodman, S. J.:
Pathogen evolution and disease emergence in
carnivores, Proceedings of the Royal Society,
2007, 274, S. 3165–3174

Müller, J.:
Auf der Spur des Gefährten,
Kynosophische Zeitreise, Bd. 1–5,
Club Berger des Pyrénées 2001–2008
(Eine sehr umfangreiche, detaillierte Sammlung zur
Kulturgeschichte und Domestikation des Hundes.
Für den fortgeschrittenen Hundeliebhaber, der
kritisch hinterfragen kann.)

Pomeroy, L. W., Bjornstad, O. N. and Holmes,
E.C.: The Evolutionary and Epidemiological
Dynamics of the Paramyxoviridae,
J. Mol. Evol. (2008), 66, S. 98–106

Röhrs, M.: Exkursion in die Entstehungs-
geschichte des Haushundes,

Report Nr. 23, Sept. 1986,
Effem-Forschung für Kleintiernahrung

Rowlands, M.:
Der Philosoph und der Wolf,
Rogner & Bernhard Verlag, Berlin 2009
(Ein wunderbares Buch, das einen den Wolf mit
anderen Augen sehen lässt.)

Schmitz, S. und Wegmann, A.:
Der BLV Hunderassenführer,
BLV Buchverlag, München 2006

Schneider-Leyer, E.:
Die Hunde der Welt,
Albert Müller Verlag, Rüschlikon (Zürich) –
Stuttgart – Wien 1960
(Sachlich exakter Katalog zum Rasse-Standard)

Trumler, E.:
Hunde ernst genommen,
Piper Verlag, München – Zürich 1974
(Wichtig vor der Anschaffung des ersten Hundes)

Trumler, E.:
Mit dem Hund auf du,
Piper Verlag, München – Zürich 1974
(Weiterführende Literatur für den richtigen Umgang
mit dem vierbeinigen Lebensgefährten)

Zeuner, F.E.:
Geschichte der Haustiere,
BLV Buchverlag, München 1967
(Wohl der Klassiker zur Domestikationsgeschichte)

Zimen, E.:
Der Wolf,
Franckh-Kosmos Verlag, Stuttgart 2003
(Ein hervorragendes Buch, das jedem Hundefreund
ans Herz gelegt sei!)

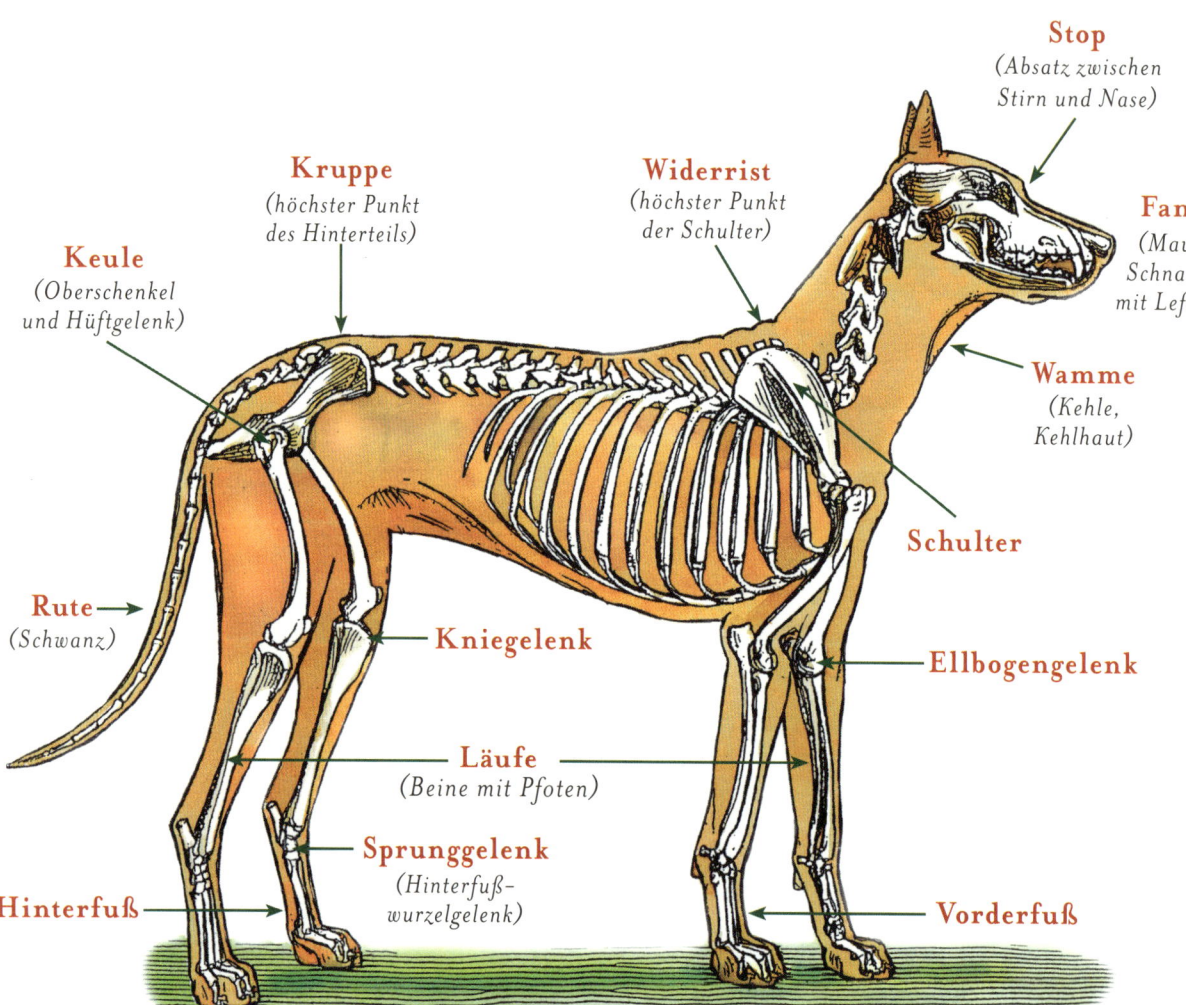

Stop
(Absatz zwischen
Stirn und Nase)

Kruppe
(höchster Punkt
des Hinterteils)

Widerrist
(höchster Punkt
der Schulter)

Fang
(Maul
Schnau
mit Lefz

Keule
(Oberschenkel
und Hüftgelenk)

Wamme
(Kehle,
Kehlhaut)

Schulter

Rute
(Schwanz)

Kniegelenk

Ellbogengelenk

Läufe
(Beine mit Pfoten)

Hinterfuß

Sprunggelenk
(Hinterfuß-
wurzelgelenk)

Vorderfuß

Prof. Dr. Henning Wiesner,
geboren 1944, ist Tierarzt. Von 1980
bis 2009 war er Direktor des Münchner
Tierparks Hellabrunn. Er ist weltweit
im Tierschutz tätig und und setzt sich
besonders für vom Aussterben bedrohte
Tierarten ein. Heute betreibt er in
München die Akademie für Zoo- und
Wildtierschutz und eine Tierarztpraxis.

Günter Mattei,
geboren 1947, studierte Grafik-Design
und lebt als freier Illustrator, Grafiker
und Buchgestalter in München.
Mit Henning Wiesner arbeitet er
zusammen, seit sie gemeinsam das
jahrzehntelang markante Erscheinungsbild des berühmten Münchner Zoos
entwickelt und geprägt haben.

Klaut der Rabe wie ein Rabe? Kriegen Gänse
Gänsehaut? Wie viele Stacheln hat ein Igel?
Knutschen Elche? Ein Zoodirektor steht Rede und
Antwort – bei mehr als 50 kniffligen Fragen.
Wissenschaft ist eine bitterernste Sache? – Da
lachen ja die Hühner! (Aber lachen die wirklich?)

Spontan, skurril, solide.
Frankfurter Allgemeine Zeitung

Warum gelingen nur so wenigen Wissenschaftlern
derart amüsante Sachbücher für Kinder?
Bulletin Jugend & Literatur

Henning Wiesner / Walli Müller / Günter Mattei
Müssen Tiere Zähne putzen?
und andere Fragen an einen Zoodirektor
Durchgehend farbig illustriert
120 Seiten. Halbleinen

Henning Wiesner · Günter Mattei

Das große Buch der Tiere

Ein Zoodirektor erzählt

Wie wurde aus dem Wildesel
das Maultier und warum hat der
Pinguin einen Thermo-Frack?
50 große Bild-Tafeln
mit den Illustrationen von Günter Mattei
erzählen von der spannenden Geschichte
der Zoobewohner und ihrer Vorfahren.
Leicht verständlich, aber immer wissen-
schaftlich fundiert, geben sie Auskunft zur
Verhaltensforschung, Entstehung und
Überlebenskunst der Arten.
Auch der Mensch, das faszinierendste aller
Tiere, wird in diesem wunderschönen
Lexikon unter die Lupe genommen.

Henning Wiesner / Günter Mattei
Das große Buch der Tiere
Ein Zoodirektor erzählt
Durchgehend farbig illustriert
144 Seiten. Gebunden

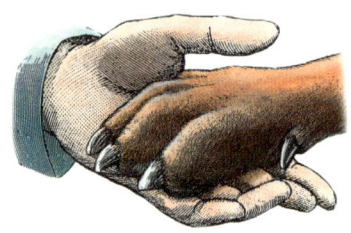

Unser gesamtes lieferbares Programm
und viele andere Informationen finden Sie unter
www.hanser-literaturverlage.de

1 2 3 4 5   17 16 15 14 13

ISBN 978-3-446-24169-5
Alle Rechte vorbehalten
© Carl Hanser Verlag München 2013
Umschlaggestaltung, Satz, Litho und Layout: Günter Mattei
Druck und Bindung: Kösel, Krugzell
Printed in Germany